PONS

Verbtabellen Russisch

von
Renate und Nikolai Babi

Ernst Klett Verlag
Stuttgart · Düsseldorf · Leipzi

PONS Verbtabellen Russisch

von Renate und Nikolai Babiel

Dieses Werk ist inhaltlich identisch mit
PONS V erbtabellen Russisch, ISBN 3-12-560984-4.

1. Auflage A 1 4 3 2 1 | 2004 2003 2002 2001

Internet: www.pons.de
e-mail: info@pons.de

Redaktion: Regina Reinboth-Kämpf
Einbandgestaltung: Designbüro MESCH, Mannheim;
Erwin Poell, Heidelberg
Layout: Angelika Völker, Stuttgart
Satz: Fotosatz Kaufmann, Stuttgart
Druck: Druckerei zu Altenburg, Altenburg
Printed in Germany
ISBN 3-12-560849-X

Inhalt

Verwendete Abkürzungen

adj	hauptsächlich als Adjektiv verwendet
AP	Adverbialpartizip
best	bestimmt
etw	etwas
itr	intransitiv
P	Partizip
tr	transitiv
umg	umgangssprachlich
unbest	unbestimmt

So benutzen Sie dieses Buch

Sie wollen die Konjugation der häufigsten russischen Verben erlernen oder wiederholen und sich einen umfassenden Überblick über die von einem Verb abgeleiteten Formen verschaffen. Dabei möchten Sie auf Besonderheiten und Unregelmäßigkeiten aufmerksam gemacht werden.

Die PONS Verbtabellen Russisch bieten Ihnen die 200 wichtigsten Verben in übersichtlicher Darstellung. Bei der Auswahl der Verben haben wir uns an Lehrbüchern für Anfänger orientiert und sowohl gebräuchliche als auch schwierige Verben aufgenommen.

Die Konjugationsmuster zeigen Ihnen alle tatsächlich verwendeten Formen auf einen Blick – auf seltene Alternativbildungen wurde zwecks besserer Verständlichkeit verzichtet. Zusätzlich ist zu jedem Verb der Aspektpartner angegeben. Besonderheiten und Bildungen, die vom Infinitiv abweichen, sind durch farbliche Hervorhebung schnell zu erkennen und leicht zu merken.

Aufbau der Konjugationstabellen

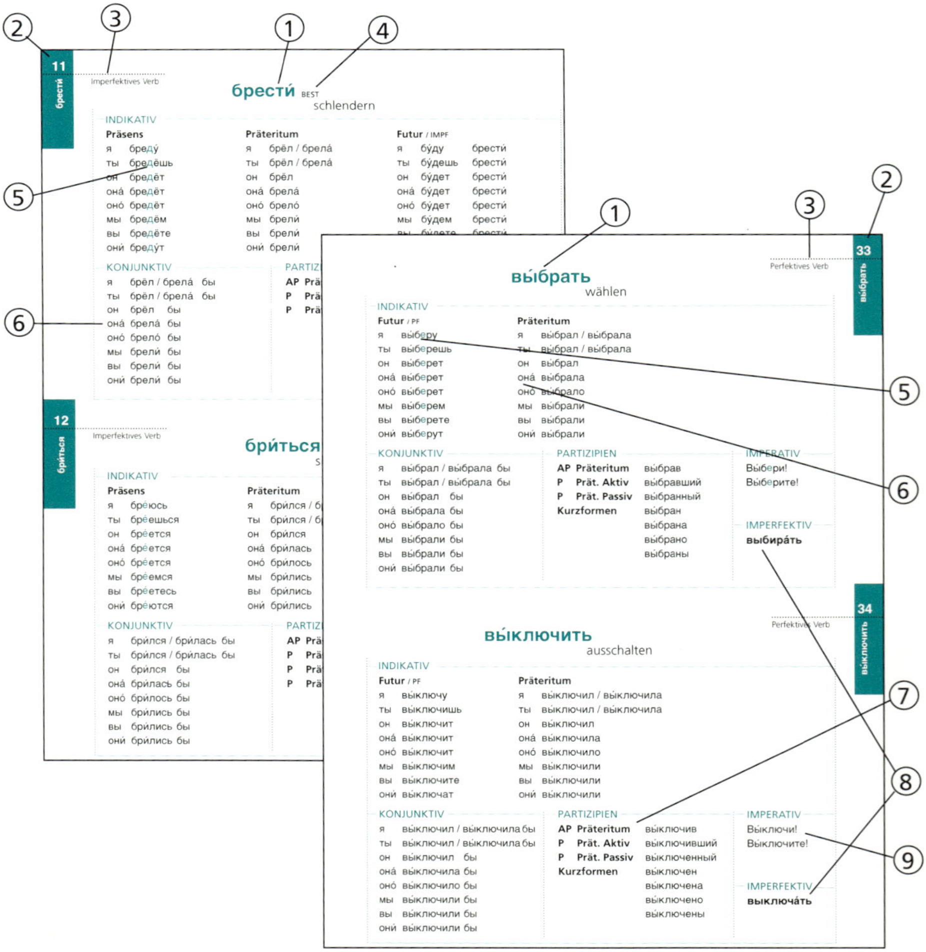

① **Verb mit Übersetzung:** Übersetzungen von sinnverwandten Bedeutungen werden durch ein Komma, starke Bedeutungsdifferenzierungen durch ein Semikolon getrennt. Sollten unterschiedliche Bedeutungen ihre spezifischen Aspektpartner haben, so sind diese durch Zahlen gekennzeichnet.

② **Verbnummer:** Mit Hilfe dieser Nummer lassen sich ebenfalls im Buch ausführlich konjugierte Aspektpartner rasch auffinden.

③ **Aspekt:** Weist darauf hin, zu welchem der beiden russischen Verbalaspekten das Verb gehört:

perfektiver (vollendeter) Aspekt

imperfektiver (unvollendeter) Aspekt

④ **Bewegungsart:** Bei den Verben der Fortbewegung ist angegeben, ob das jeweilige Verb eine zielgerichtete oder nicht zielgerichtete Bewegung zum Ausdruck bringt:

zielgerichtete Bewegung: bestimmtes Verb (best)

nicht zielgerichtete Bewegung: unbestimmtes Verb (unbest)

⑤ **Farbliche Hervorhebung:** Alle Formen, die vom Infinitiv abweichen, sind grün hervorgehoben.

⑥ **Angabe aller Genusformen:** In allen Zeiten ist in der 3. Person Singular stets die maskuline, die feminine und die neutrale Form (он, онà, онò) angeführt. Im Präteritum und Konjunktiv ist in der 1. und 2. Person Singular zusätzlich zur maskulinen die feminine Form angegeben.

⑦ **Partizipien einschließlich Kurzformen:** Perfektive und imperfektive Verben bilden Partizipien unterschiedlicher Zeit- und Modusformen. Die vom Partizip Präteritum Passiv abgeleiteten Kurzformen sind in allen drei Genusformen sowie im Plural angegeben. Mit adj markierte Partizipien im Präteritum Passiv werden hauptsächlich als Adjektive verwendet und schreiben sich mit einem н.

⑧ **Aspektpartner:** Hier finden Sie die wichtigsten Aspektpartner. Handelt es sich beim Aspektpartner um ein in diesem Buch enthaltenes Verb, wird direkt auf die entsprechende Verbnummer verwiesen. Die Trennung durch Komma, Semikolon bzw. Zahlen wie in Punkt 1.

⑨ **Imperativformen:** Sie werden sowohl im Singular als auch im Plural angegeben.

Möchten Sie gezielt ein Verb nachschlagen, führt Sie die **alphabetische Verbliste** im Anhang schnell zur richtigen Stelle. Bei Verben, deren Rektion für deutschsprachige Russischlernende besonders schwierig ist, finden Sie zudem Hinweise, in welchem Fall das Substantiv stehen muss. So werden die **PONS Verbtabellen Russisch** zu Ihrem wertvollen Begleiter beim Erlernen der russischen Sprache.

Übrigens: Die Seiten 7–10 bieten Ihnen zusätzlich einige allgemeine Faustregeln zur Unterscheidung und Bildung von Aspektformen sowie zu den Verben der Fortbewegung.

Grammatikbegriffe in der Übersicht

Russisch	*Lateinische Bezeichnung*	*Deutsch*
имя прилагательное	Adjektiv	Eigenschaftswort
деепричастие	Adverbialpartizip	
женского рода	feminin	weiblich
будущее время	Futur	Zukunft
род	Genus	Geschlecht
повелительное наклонение	Imperativ	Befehlsform
несовершенный (вид)	imperfektiv (Aspekt)	unvollendet (Aspekt)
изъявительное наклонение	Indikativ	Wirklichkeitsform
неопределенная форма глагола	Infinitiv	Grundform des Zeitworts
непереходный (глагол)	intransitiv	nicht mit Akkusativobjekt verwendbar
спряжение	Konjugation	Beugung des Zeitworts
условное наклонение	Konjunktiv	Möglichkeitsform
мужского рода	maskulin	männlich
наклонение	Modus	Aussageweise
среднего рода	neutral	sächlich
причастие	Partizip	Mittelwort
совершенный (вид)	perfektiv (Aspekt)	vollendet (Aspekt)
множественное число	Plural	Mehrzahl
настоящее время	Präsens	Gegenwart
прошедшее время	Präteritum	unvollendete Vergangenheit
управление	Rektion	Rektion
единственное число	Singular	Einzahl
имя существительное	Substantiv	Hauptwort
время глагола	Tempus	Zeitform
переходный (глагол)	transitiv	mit Akkusativobjekt verwendbar
глагол	Verb	Zeitwort
глагол определённого движения	determiniertes Verb	bestimmtes Verb
глагол неопределённого движения	indeterminiertes Verb	unbestimmtes Verb

Wissenswertes zur Konjugation der russischen Verben

Aspekte im Russischen

Die scheinbare Undifferentziertheit des russischen Verbalsystems wird ausgeglichen durch eine Besonderheit des Russischen: die Aspekte. Fast jedes russische Verb tritt in zwei verschiedenen Formen auf: dem perfektiven (vollendeten) und dem imperfektiven (unvollendeten) Aspekt. Das bedeutet, dass einem deutschen Verb wie z. B. „sehen" zwei russische Verben entsprechen: **ви́деть** (imperfektiv) und **уви́деть** (perfektiv). Die Anwendung dieser beiden verschiedenen Formen ist situationsabhängig und die Kunst besteht darin, in der jeweiligen Situation den richtigen Aspekt auszuwählen, denn leider sind die beiden Formen in den seltensten Fällen gleichermaßen verwendbar.
Das Aspektsystem birgt eine Fülle von differenzierten Ausdrucksmöglichkeiten für die verschiedensten Sachverhalte in sich. Grob unterschieden werden die Aspekte durch folgende Unterteilung:

- Der imperfektive Aspekt bezeichnet eine nicht abgeschlossene Handlung in ihrem Ablauf, in ihrer Dauer oder ihrer Wiederholung sowie eine ständige Eigenschaft, einen Zustand des Subjekts. Mit den folgenden Adverbialbestimmungen steht in der Regel der imperfektive Aspekt:

ка́ждый день	jeden Tag
ка́ждый год	jedes Jahr
ка́ждый час	stündlich (jede Stunde)
ка́ждую мину́ту	jedenAugenblick(jede Minute)
ча́сто	oft
всегда́	immer
ежедне́вно	täglich
еженеде́льно	wöchentlich
це́лыми дня́ми	ganze Tage
всё лу́чше и лу́чше	immer besser (besser und besser)
обы́чно	gewöhnlich

Der imperfektive Aspekt bildet alle drei Zeitstufen: Präsens, Präteritum und Futur.

- Der perfektive Aspekt bezeichnet eine abgeschlossene, zeitlich begrenzte Handlung, unabhängig davon, ob es sich um ihren Beginn oder ihren Abschluss handelt, eine einmalige Handlung, die ein bestimmtes Ergebnis hat. Mit folgenden Adverbialbestimmungen steht in der Regel der perfektive Aspekt:

вдруг	plötzlich
неожи́данно	unerwartet
случа́йно	zufällig
впервы́е	erstmals
момента́льно	momentan, augenblicklich
в одну́ мину́ту	im Nu, im Handumdrehen
сейча́с же	jetzt
внеза́пно	plötzlich, unerwartet

Der perfektive Aspekt bildet nur Präteritum und Futur, eine gegenwärtige Handlung kann durch ihn nicht zum Ausdruck gebracht werden.

Bildung der Aspekte

- Die meisten Verben ohne Präfigierung gehören dem imperfektiven Aspekt an. Durch Voranstellung eines Präfix werden diese Verben perfektiv, gleichzeitig tritt häufig eine Bedeutungsveränderung ein:

imperfektiver Aspekt	perfektiver Aspekt	Deutsch:
кури́ть – rauchen	**вы́курить**	zu Ende rauchen
	закури́ть	sich eine Zigarette anzünden
	накури́ть	voll qualmen
	перекури́ть	eine Rauchpause einlegen
	покури́ть	eine gewisse Zeit mit Rauchen verbringen
	прикури́ть	sich an der Zigarette eines anderen eine Zigarette anzünden

- Es gibt auch Verben, die keinen Aspektpartner haben, z. B. **находи́ться**, impf. (sich befinden), **состоя́ться**, pf. (stattfinden).

- Von den durch Präfix gebildeten perfektiven Verben wird in der Regel durch Einschub der Suffixe **-ыва-**, **-ва-** und **-ива-** der imperfektive Aspektpartner gleicher Bedeutung gebildet:

perfektiver Aspekt	imperfektiver Aspekt
вы́курить	**выку́ривать**
закури́ть	**заку́ривать**
накури́ть	**наку́ривать**
перекури́ть	**перекуривать**
покури́ть	**поку́ривать**
прикури́ть	**прику́ривать**

- Manche imperfektiven Aspektpartner werden von perfektiven Formen auf **-ить** durch Vokalwechsel zu **-ать**, **-ять** gebildet, z.B.:

perfektiver Aspekt	imperfektiver Aspekt	Deutsch
получи́ть	**получа́ть**	bekommen
бро́сить	**броса́ть**	werfen
замени́ть	**заменя́ть**	ersetzen

- Einige Aspektpaare gehören zwei verschiedenen Wortstämmen an, z. B.:

perfektiver Aspekt	imperfektiver Aspekt	Deutsch
взять	брать	nehmen
положи́ть	класть	legen
сказа́ть	говори́ть	sprechen
сесть	сади́ться	sich setzen
лечь	ложи́ться	sich legen

Verben der Fortbewegung

Anders als im Deutschen unterscheidet man im Russischen bei Verben der Fortbewegung wie z. B. „gehen", „fahren", „schwimmen" zwischen einer zielgerichteten und einer nicht zielgerichteten Bewegung. Jede Fortbewegung kann durch unbestimmte Verben als nicht zielgerichtet oder durch bestimmte Verben als zielgerichtet wiedergegeben werden. Sowohl die bestimmte als auch die unbestimmte Form gehören dem imperfektiven Aspekt an. Da diese Unterscheidung im Deutschen nicht getroffen wird, entspricht einem deutschen Verb ein russisches Verbpaar. Es handelt sich um folgende vierzehn Verbpaare:

Bestimmte Bewegung	Unbestimmte Bewegung	Deutsch
бежа́ть	бе́гать	laufen, rennen
брести́	броди́ть	schlendern
везти́	вози́ть	fahrend transportieren
вести́	води́ть	führen
гнать	гоня́ть	treiben, jagen
е́хать	е́здить	fahren
идти́	ходи́ть	gehen
кати́ть	ката́ть	wälzen, rollen
лезть	ла́зить	klettern
лете́ть	лета́ть	fliegen
нести́	носи́ть	tragen
плыть	пла́вать	schwimmen
ползти́	по́лзать	kriechen
тащи́ть	таска́ть	schleppen

Die Verben der <u>bestimmten</u> Bewegung bezeichnen:

eine Bewegung in eine Richtung:

Ма́ша идёт сейча́с в бассе́йн. Mascha geht jetzt ins Schwimmbad.

eine Bewegung mit Hinweis auf ihr Ziel:

Мы е́дем во Фра́нцию. Wir fahren nach Frankreich.

Die Verben der <u>unbestimmten</u> Bewegung bezeichnen:

eine Bewegung hin und zurück, eine mehrmalig ausgeführte Bewegung:

Ма́ша хо́дит в бассе́йн.	Mascha geht (oft) ins Schwimmbad. (Sie geht zum Schwimmbad und wieder zurück nach Hause).
Мы ча́сто е́здили во Фра́нцию.	Wir fuhren oft nach Frankreich (und wieder zurück nach Hause).

eine nicht zielgerichtete Bewegung:

Му́ха пла́вает в бока́ле вина́.	Im Weinglas schwimmt eine Mücke.

eine ständige Eigenschaft, eine allgemeine Fähigkeit:

Ры́бы пла́вают.	Fische (können) schwimmen.

Öffentliche Verkehrsmittel, die nach einem Plan verkehren, werden in der Regel mit den Verben идти́ – ходи́ть genannt:

Авто́бус хо́дит ка́ждые пять мину́т.	Der Bus fährt alle fünf Minuten.
Трамва́й идёт в центр.	Die Straßenbahn fährt in die Stadtmitte.
Паро́м хо́дит то́лько ле́том.	Die Fähre verkehrt nur im Sommer.

Parallel hierzu wird eine Fortbewegung per Schiff, Fähre, Floß etc. mit den Verben плыть – пла́вать bezeichnet:

Парохо́д плывёт из Га́мбурга в Пана́му.	Der Dampfer fährt von Hamburg nach Panama.
В воскресе́нье мы пла́вали на ло́дке.	Am Sonntag sind wir Boot gefahren.

Imperfektives Verb

бéгать UNBEST
umherlaufen

INDIKATIV

Präsens		Präteritum		Futur / IMPF		
я	бéгаю	я	бéгал / бéгала	я	бýду	бéгать
ты	бéгаешь	ты	бéгал / бéгала	ты	бýдешь	бéгать
он	бéгает	он	бéгал	он	бýдет	бéгать
онá	бéгает	онá	бéгала	онá	бýдет	бéгать
онó	бéгает	онó	бéгало	онó	бýдет	бéгать
мы	бéгаем	мы	бéгали	мы	бýдем	бéгать
вы	бéгаете	вы	бéгали	вы	бýдете	бéгать
они́	бéгают	они́	бéгали	они́	бýдут	бéгать

KONJUNKTIV

я	бéгал / бéгала бы
ты	бéгал / бéгала бы
он	бéгал бы
онá	бéгала бы
онó	бéгало бы
мы	бéгали бы
вы	бéгали бы
они́	бéгали бы

PARTIZIPIEN

AP	**Präsens**	бéгая
P	**Präs. Aktiv**	бéгающий
P	**Prät. Aktiv**	бéгавший

IMPERATIV

Бéгай!
Бéгайте!

BESTIMMT

бежáть → 2

Imperfektives Verb

бежáть BEST
laufen

INDIKATIV

Präsens		Präteritum		Futur / IMPF		
я	бегý	я	бежáл / бежáла	я	бýду	бежáть
ты	бежи́шь	ты	бежáл / бежáла	ты	бýдешь	бежáть
он	бежи́т	он	бежáл	он	бýдет	бежáть
онá	бежи́т	онá	бежáла	онá	бýдет	бежáть
онó	бежи́т	онó	бежáло	онó	бýдет	бежáть
мы	бежи́м	мы	бежáли	мы	бýдем	бежáть
вы	бежи́те	вы	бежáли	вы	бýдете	бежáть
они́	бегýт	они́	бежáли	они́	бýдут	бежáть

KONJUNKTIV

я	бежáл / бежáла бы
ты	бежáл / бежáла бы
он	бежáл бы
онá	бежáла бы
онó	бежáло бы
мы	бежáли бы
вы	бежáли бы
они́	бежáли бы

PARTIZIPIEN

P	**Präs.Aktiv**	бегýщий
AP	**Präteritum**	бежáв
P	**Prät. Aktiv**	бежáвший

IMPERATIV

Беги́!
Беги́те!

UNBESTIMMT

бéгать → 1

Imperfektives Verb

берéчь
schonen

INDIKATIV

Präsens		Präteritum		Futur / IMPF		
я	берегý	я	берёг / береглá	я	бýду	берéчь
ты	бережёшь	ты	берёг / береглá	ты	бýдешь	берéчь
он	бережёт	он	берёг	он	бýдет	берéчь
онá	бережёт	онá	береглá	онá	бýдет	берéчь
онó	бережёт	онó	береглó	онó	бýдет	берéчь
мы	бережём	мы	береглú	мы	бýдем	берéчь
вы	бережёте	вы	береглú	вы	бýдете	берéчь
онú	берегýт	онú	береглú	онú	бýдут	берéчь

KONJUNKTIV

я	берёг / береглá	бы
ты	берёг / береглá	бы
он	берёг	бы
онá	береглá	бы
онó	береглó	бы
мы	береглú	бы
вы	береглú	бы
онú	береглú	бы

PARTIZIPIEN

P	**Präs. Aktiv**	берегýщий
P	**Prät. Aktiv**	берёгший

IMPERATIV

Берегú!
Берегúте!

PERFEKTIV

сберéчь

Imperfektives Verb

бить
schlagen

INDIKATIV

Präsens		Präteritum		Futur / IMPF		
я	бью	я	бил / бúла	я	бýду	бить
ты	бьёшь	ты	бил / бúла	ты	бýдешь	бить
он	бьёт	он	бил	он	бýдет	бить
онá	бьёт	онá	бúла	онá	бýдет	бить
онó	бьёт	онó	бúло	онó	бýдет	бить
мы	бьём	мы	бúли	мы	бýдем	бить
вы	бьёте	вы	бúли	вы	бýдете	бить
онú	бьют	онú	бúли	онú	бýдут	бить

KONJUNKTIV

я	бил / бúла	бы
ты	бил / бúла	бы
он	бил	бы
онá	бúла	бы
онó	бúло	бы
мы	бúли	бы
вы	бúли	бы
онú	бúли	бы

PARTIZIPIEN

AP	**Präsens**	бuя́ (veraltet)
P	**Präs. Aktiv**	бьющий
P	**Prät. Aktiv**	бúвший
P	**Prät. Passiv**	бúтый (adj)

IMPERATIV

Бей!
Бéйте!

PERFEKTIV

побúть

Imperfektives Verb

благодари́ть

danken

INDIKATIV

Präsens		Präteritum		Futur / IMPF		
я	благодарю́	я	благодари́л/благодари́ла	я	бу́ду	благодари́ть
ты	благодари́шь	ты	благодари́л/благодари́ла	ты	бу́дешь	благодари́ть
он	благодари́т	он	благодари́л	он	бу́дет	благодари́ть
она́	благодари́т	она́	благодари́ла	она́	бу́дет	благодари́ть
оно́	благодари́т	оно́	благодари́ло	оно́	бу́дет	благодари́ть
мы	благодари́м	мы	благодари́ли	мы	бу́дем	благодари́ть
вы	благодари́те	вы	благодари́ли	вы	бу́дете	благодари́ть
они́	благодаря́т	они́	благодари́ли	они́	бу́дут	благодари́ть

KONJUNKTIV

я	благодари́л/благодари́ла бы
ты	благодари́л/благодари́ла бы
он	благодари́л бы
она́	благодари́ла бы
оно́	благодари́ло бы
мы	благодари́ли бы
вы	благодари́ли бы
они́	благодари́ли бы

PARTIZIPIEN

AP	**Präsens**	благодаря́
P	**Präs. Aktiv**	благодаря́щий
P	**Prät. Aktiv**	благодари́вший

IMPERATIV

Благодари́!
Благодари́те!

PERFEKTIV

поблагодари́ть

Imperfektives Verb

блесте́ть

glänzen

INDIKATIV

Präsens		Präteritum		Futur / IMPF		
я	блещу́	я	блесте́л / блесте́ла	я	бу́ду	блесте́ть
ты	блести́шь	ты	блесте́л / блесте́ла	ты	бу́дешь	блесте́ть
он	блести́т	он	блесте́л	он	бу́дет	блесте́ть
она́	блести́т	она́	блесте́ла	она́	бу́дет	блесте́ть
оно́	блести́т	оно́	блесте́ло	оно́	бу́дет	блесте́ть
мы	блести́м	мы	блесте́ли	мы	бу́дем	блесте́ть
вы	блести́те	вы	блесте́ли	вы	бу́дете	блесте́ть
они́	блестя́т	они́	блесте́ли	они́	бу́дут	блесте́ть

KONJUNKTIV

я	блесте́л / блесте́ла бы
ты	блесте́л / блесте́ла бы
он	блесте́л бы
она́	блесте́ла бы
оно́	блесте́ло бы
мы	блесте́ли бы
вы	блесте́ли бы
они́	блесте́ли бы

PARTIZIPIEN

AP	**Präsens**	блестя́
P	**Präs. Aktiv**	блестя́щий / бле́щущий
P	**Prät. Aktiv**	блесте́вший

IMPERATIV

Блести́!
Блести́те!

PERFEKTIV

блесну́ть

Imperfektives Verb

боле́ть
krank sein

INDIKATIV

Präsens		Präteritum		Futur / IMPF		
я	боле́ю	я	боле́л / боле́ла	я	бу́ду	боле́ть
ты	боле́ешь	ты	боле́л / боле́ла	ты	бу́дешь	боле́ть
он	боле́ет	он	боле́л	он	бу́дет	боле́ть
она́	боле́ет	она́	боле́ла	она́	бу́дет	боле́ть
оно́	боле́ет	оно́	боле́ло	оно́	бу́дет	боле́ть
мы	боле́ем	мы	боле́ли	мы	бу́дем	боле́ть
вы	боле́ете	вы	боле́ли	вы	бу́дете	боле́ть
они́	боле́ют	они́	боле́ли	они́	бу́дут	боле́ть

KONJUNKTIV

я	боле́л / боле́ла	бы
ты	боле́л / боле́ла	бы
он	боле́л	бы
она́	боле́ла	бы
оно́	боле́ло	бы
мы	боле́ли	бы
вы	боле́ли	бы
они́	боле́ли	бы

PARTIZIPIEN

AP	**Präsens**	боле́я
P	**Präs. Aktiv**	боле́ющий
P	**Prät. Aktiv**	боле́вший

IMPERATIV

Боле́й!
Боле́йте!

PERFEKTIV

заболе́ть

Imperfektives Verb

боро́ться
kämpfen

INDIKATIV

Präsens		Präteritum		Futur / IMPF		
я	борю́сь	я	боро́лся / боро́лась	я	бу́ду	боро́ться
ты	бо́решься	ты	боро́лся / боро́лась	ты	бу́дешь	боро́ться
он	бо́рется	он	боро́лся	он	бу́дет	боро́ться
она́	бо́рется	она́	боро́лась	она́	бу́дет	боро́ться
оно́	бо́рется	оно́	боро́лось	оно́	бу́дет	боро́ться
мы	бо́ремся	мы	боро́лись	мы	бу́дем	боро́ться
вы	бо́ретесь	вы	боро́лись	вы	бу́дете	боро́ться
они́	бо́рются	они́	боро́лись	они́	бу́дут	боро́ться

KONJUNKTIV

я	боро́лся / боро́лась	бы
ты	боро́лся / боро́лась	бы
он	боро́лся	бы
она́	боро́лась	бы
оно́	боро́лось	бы
мы	боро́лись	бы
вы	боро́лись	бы
они́	боро́лись	бы

PARTIZIPIEN

AP	**Präsens**	боря́сь
P	**Präs. Aktiv**	бо́рющийся
P	**Prät. Aktiv**	боро́вшийся

IMPERATIV

Бори́сь!
Бори́тесь!

PERFEKTIV

поборо́ться

Imperfektives Verb

боя́ться

sich fürchten

INDIKATIV

Präsens		Präteritum		Futur / IMPF		
я	бою́сь	я	боя́лся / боя́лась	я	бу́ду	боя́ться
ты	бои́шься	ты	боя́лся / боя́лась	ты	бу́дешь	боя́ться
он	бои́тся	он	боя́лся	он	бу́дет	боя́ться
она́	бои́тся	она́	боя́лась	она́	бу́дет	боя́ться
оно́	бои́тся	оно́	боя́лось	оно́	бу́дет	боя́ться
мы	бои́мся	мы	боя́лись	мы	бу́дем	боя́ться
вы	бои́тесь	вы	боя́лись	вы	бу́дете	боя́ться
они́	боя́тся	они́	боя́лись	они́	бу́дут	боя́ться

KONJUNKTIV

я	боя́лся / боя́лась бы
ты	боя́лся / боя́лась бы
он	боя́лся бы
она́	боя́лась бы
оно́	боя́лось бы
мы	боя́лись бы
вы	боя́лись бы
они́	боя́лись бы

PARTIZIPIEN

AP	**Präsens**	боя́сь
P	**Präs. Aktiv**	боя́щийся
P	**Prät. Aktiv**	боя́вшийся

IMPERATIV

Бо́йся!
Бо́йтесь!

PERFEKTIV

забоя́ться

Imperfektives Verb

брать

nehmen

INDIKATIV

Präsens		Präteritum		Futur / IMPF		
я	беру́	я	брал / брала́	я	бу́ду	брать
ты	берёшь	ты	брал / брала́	ты	бу́дешь	брать
он	берёт	он	брал	он	бу́дет	брать
она́	берёт	она́	брала́	она́	бу́дет	брать
оно́	берёт	оно́	бра́ло	оно́	бу́дет	брать
мы	берём	мы	бра́ли	мы	бу́дем	брать
вы	берёте	вы	бра́ли	вы	бу́дете	брать
они́	беру́т	они́	бра́ли	они́	бу́дут	брать

KONJUNKTIV

я	брал / брала́ бы
ты	брал / брала́ бы
он	брал бы
она́	брала́ бы
оно́	бра́ло бы
мы	бра́ли бы
вы	бра́ли бы
они́	бра́ли бы

PARTIZIPIEN

AP	**Präsens**	беря́
P	**Präs. Aktiv**	беру́щий
P	**Prät. Aktiv**	бра́вший

IMPERATIV

Бери́!
Бери́те!

PERFEKTIV

взять → 20

Imperfektives Verb

брести́ BEST
schlendern

INDIKATIV

Präsens		Präteritum		Futur / IMPF		
я	бреду́	я	брёл / брела́	я	бу́ду	брести́
ты	бредёшь	ты	брёл / брела́	ты	бу́дешь	брести́
он	бредёт	он	брёл	он	бу́дет	брести́
она́	бредёт	она́	брела́	она́	бу́дет	брести́
оно́	бредёт	оно́	брело́	оно́	бу́дет	брести́
мы	бредём	мы	брели́	мы	бу́дем	брести́
вы	бредёте	вы	брели́	вы	бу́дете	брести́
они́	бреду́т	они́	брели́	они́	бу́дут	брести́

KONJUNKTIV

я брёл / брела́ бы
ты брёл / брела́ бы
он брёл бы
она́ брела́ бы
оно́ брело́ бы
мы брели́ бы
вы брели́ бы
они́ брели́ бы

PARTIZIPIEN

AP	**Präsens**	бредя́
P	**Präs. Aktiv**	бреду́щий
P	**Prät. Aktiv**	бре́дший

IMPERATIV

Бреди́!
Бреди́те!

UNBESTIMMT

броди́ть → 13

Imperfektives Verb

бри́ться
sich rasieren

INDIKATIV

Präsens		Präteritum		Futur / IMPF		
я	бре́юсь	я	бри́лся / бри́лась	я	бу́ду	бри́ться
ты	бре́ешься	ты	бри́лся / бри́лась	ты	бу́дешь	бри́ться
он	бре́ется	он	бри́лся	он	бу́дет	бри́ться
она́	бре́ется	она́	бри́лась	она́	бу́дет	бри́ться
оно́	бре́ется	оно́	бри́лось	оно́	бу́дет	бри́ться
мы	бре́емся	мы	бри́лись	мы	бу́дем	бри́ться
вы	бре́етесь	вы	бри́лись	вы	бу́дете	бри́ться
они́	бре́ются	они́	бри́лись	они́	бу́дут	бри́ться

KONJUNKTIV

я бри́лся / бри́лась бы
ты бри́лся / бри́лась бы
он бри́лся бы
она́ бри́лась бы
оно́ бри́лось бы
мы бри́лись бы
вы бри́лись бы
они́ бри́лись бы

PARTIZIPIEN

AP	**Präsens**	бре́ясь
P	**Präs. Aktiv**	бре́ющийся
P	**Prät. Aktiv**	бри́вшийся
P	**Prät. Passiv**	бри́тый

IMPERATIV

Бре́йся!
Бре́йтесь!

PERFEKTIV

побри́ться

Imperfektives Verb

бродить UNBEST
umherschlendern

INDIKATIV

Präsens		Präteritum		Futur / IMPF		
я	брожу́	я	броди́л / броди́ла	я	бу́ду	броди́ть
ты	бро́дишь	ты	броди́л / броди́ла	ты	бу́дешь	броди́ть
он	бро́дит	он	броди́л	он	бу́дет	броди́ть
она́	бро́дит	она́	броди́ла	она́	бу́дет	броди́ть
оно́	бро́дит	оно́	броди́ло	оно́	бу́дет	броди́ть
мы	бро́дим	мы	броди́ли	мы	бу́дем	броди́ть
вы	бро́дите	вы	броди́ли	вы	бу́дете	броди́ть
они́	бро́дят	они́	броди́ли	они́	бу́дут	броди́ть

KONJUNKTIV

я	броди́л / броди́ла	бы
ты	броди́л / броди́ла	бы
он	броди́л	бы
она́	броди́ла	бы
оно́	броди́ло	бы
мы	броди́ли	бы
вы	броди́ли	бы
они́	броди́ли	бы

PARTIZIPIEN

AP	**Präsens**	бродя́
P	**Präs. Aktiv**	бродя́щий
P	**Prät. Aktiv**	броди́вший

IMPERATIV

Броди́!
Броди́те!

BESTIMMT

брести́ → 11

Imperfektives Verb

буди́ть
wecken

INDIKATIV

Präsens		Präteritum		Futur / IMPF		
я	бужу́	я	буди́л / буди́ла	я	бу́ду	буди́ть
ты	бу́дишь	ты	буди́л / буди́ла	ты	бу́дешь	буди́ть
он	бу́дит	он	буди́л	он	бу́дет	буди́ть
она́	бу́дит	она́	буди́ла	она́	бу́дет	буди́ть
оно́	бу́дит	оно́	буди́ло	оно́	бу́дет	буди́ть
мы	бу́дим	мы	буди́ли	мы	бу́дем	буди́ть
вы	бу́дите	вы	буди́ли	вы	бу́дете	буди́ть
они́	бу́дят	они́	буди́ли	они́	бу́дут	буди́ть

KONJUNKTIV

я	буди́л / буди́ла	бы
ты	буди́л / буди́ла	бы
он	буди́л	бы
она́	буди́ла	бы
оно́	буди́ло	бы
мы	буди́ли	бы
вы	буди́ли	бы
они́	буди́ли	бы

PARTIZIPIEN

AP	**Präsens**	будя́
P	**Präs. Aktiv**	будя́щий
P	**Präs. Passiv**	буди́мый
P	**Prät. Aktiv**	буди́вший

IMPERATIV

Буди́!
Буди́те!

PERFEKTIV

разбуди́ть

Imperfektives Verb

быть

sein

INDIKATIV

Präsens		Präteritum		Futur / IMPF	
я	есть	я	был, нé был / не былá	я	бýду
ты	есть	ты	был, нé был / не былá	ты	бýдешь
он	есть	он	был, нé был	он	бýдет
онá	есть	онá	былá, не былá	онá	бýдет
онó	есть	онó	бы́ло, нé было	онó	бýдет
мы	есть	мы	бы́ли, нé были	мы	бýдем
вы	есть	вы	бы́ли, нé были	вы	бýдете
они́	есть	они́	бы́ли, нé были	они́	бýдут

KONJUNKTIV

я был / былá бы
ты был / былá бы
он был бы
онá былá бы
онó бы́ло бы
мы бы́ли бы
вы бы́ли бы
они́ бы́ли бы
(Betonung mit не *wie im Präteritum)*

PARTIZIPIEN

AP	**Präsens**	бýдучи
P	**Präs. Aktiv**	бýдущий
P	**Prät. Aktiv**	бы́вший

IMPERATIV

Бýдь!
Бýдьте!

PERFEKTIV

—

Imperfektives Verb

вари́ть

kochen

INDIKATIV

Präsens		Präteritum		Futur / IMPF		
я	варю́	я	вари́л / вари́ла	я	бýду	вари́ть
ты	вáришь	ты	вари́л / вари́ла	ты	бýдешь	вари́ть
он	вáрит	он	вари́л	он	бýдет	вари́ть
онá	вáрит	онá	вари́ла	онá	бýдет	вари́ть
онó	вáрит	онó	вари́ло	онó	бýдет	вари́ть
мы	вáрим	мы	вари́ли	мы	бýдем	вари́ть
вы	вáрите	вы	вари́ли	вы	бýдете	вари́ть
они́	вáрят	они́	вари́ли	они́	бýдут	вари́ть

KONJUNKTIV

я вари́л / вари́ла бы
ты вари́л / вари́ла бы
он вари́л бы
онá вари́ла бы
онó вари́ло бы
мы вари́ли бы
вы вари́ли бы
они́ вари́ли бы

PARTIZIPIEN

AP	**Präsens**	варя́
P	**Präs. Aktiv**	вáрящий
P	**Präs. Passiv**	вари́мый
P	**Prät. Aktiv**	вари́вший
P	**Prät. Passiv**	вáренный

IMPERATIV

Вари́!
Вари́те!

PERFEKTIV

свари́ть

везти́ BEST
transportieren, fahren

INDIKATIV

Präsens		Präteritum		Futur / IMPF		
я	везу́	я	вёз / везла́	я	бу́ду	везти́
ты	везёшь	ты	вёз / везла́	ты	бу́дешь	везти́
он	везёт	он	вёз	он	бу́дет	везти́
она́	везёт	она́	везла́	она́	бу́дет	везти́
оно́	везёт	оно́	везло́	оно́	бу́дет	везти́
мы	везём	мы	везли́	мы	бу́дем	везти́
вы	везёте	вы	везли́	вы	бу́дете	везти́
они́	везу́т	они́	везли́	они́	бу́дут	везти́

KONJUNKTIV

я	вёз / везла́	бы
ты	вёз / везла́	бы
он	вёз	бы
она́	везла́	бы
оно́	везло́	бы
мы	везли́	бы
вы	везли́	бы
они́	везли́	бы

PARTIZIPIEN

AP	**Präsens**	везя́
P	**Präs. Aktiv**	везу́щий
P	**Präs. Passiv**	везо́мый
P	**Prät. Aktiv**	вёзший

IMPERATIV

Вези́!
Вези́те!

UNBESTIMMT

вози́ть → **26**

вести́ BEST
führen

INDIKATIV

Präsens		Präteritum		Futur / IMPF		
я	веду́	я	вёл / вела́	я	бу́ду	вести́
ты	ведёшь	ты	вёл / вела́	ты	бу́дешь	вести́
он	ведёт	он	вёл	он	бу́дет	вести́
она́	ведёт	она́	вела́	она́	бу́дет	вести́
оно́	ведёт	оно́	вело́	оно́	бу́дет	вести́
мы	ведём	мы	вели́	мы	бу́дем	вести́
вы	ведёте	вы	вели́	вы	бу́дете	вести́
они́	веду́т	они́	вели́	они́	бу́дут	вести́

KONJUNKTIV

я	вёл / вела́	бы
ты	вёл / вела́	бы
он	вёл	бы
она́	вела́	бы
оно́	вело́	бы
мы	вели́	бы
вы	вели́	бы
они́	вели́	бы

PARTIZIPIEN

AP	**Präsens**	ведя́
P	**Präs. Aktiv**	веду́щий
P	**Präs. Passiv**	ведо́мый
P	**Prät. Aktiv**	ве́дший

IMPERATIV

Веди́!
Веди́те!

UNBESTIMMT

води́ть → **25**

Perfektives Verb

верну́ться

zurückkehren

INDIKATIV

Futur / PF		Präteritum	
я	верну́сь	я	верну́лся / верну́лась
ты	вернёшься	ты	верну́лся / верну́лась
он	вернётся	он	верну́лся
она́	вернётся	она́	верну́лась
оно́	вернётся	оно́	верну́лось
мы	вернёмся	мы	верну́лись
вы	вернётесь	вы	верну́лись
они́	верну́тся	они́	верну́лись

KONJUNKTIV

я	верну́лся / верну́лась	бы
ты	верну́лся / верну́лась	бы
он	верну́лся	бы
она́	верну́лась	бы
оно́	верну́лось	бы
мы	верну́лись	бы
вы	верну́лись	бы
они́	верну́лись	бы

PARTIZIPIEN

AP	**Präteritum**	верну́вшись
P	**Prät. Aktiv**	верну́вшийся

IMPERATIV

Верни́сь!
Верни́тесь!

IMPERFEKTIV

возвраща́ться

Perfektives Verb

взять

nehmen

INDIKATIV

Futur / PF		Präteritum	
я	возьму́	я	взял / взяла́
ты	возьмёшь	ты	взял / взяла́
он	возьмёт	он	взял
она́	возьмёт	она́	взяла́
оно́	возьмёт	оно́	взя́ло
мы	возьмём	мы	взя́ли
вы	возьмёте	вы	взя́ли
они́	возьму́т	они́	взя́ли

KONJUNKTIV

я	взял	бы
ты	взял	бы
он	взял	бы
она́	взяла́	бы
оно́	взя́ло	бы
мы	взя́ли	бы
вы	взя́ли	бы
они́	взя́ли	бы

PARTIZIPIEN

AP	**Präteritum**	взяв
P	**Prät. Aktiv**	взя́вший
P	**Prät. Passiv**	взя́тый
Kurzformen		взят
		взята́
		взя́то
		взя́ты

IMPERATIV

Возьми́!
Возьми́те!

IMPERFEKTIV

брать → 10

ви́деть
sehen

INDIKATIV

Präsens		Präteritum		Futur / IMPF		
я	ви́жу	я	ви́дел / ви́дела	я	бу́ду	ви́деть
ты	ви́дишь	ты	ви́дел / ви́дела	ты	бу́дешь	ви́деть
он	ви́дит	он	ви́дел	он	бу́дет	ви́деть
она́	ви́дит	она́	ви́дела	она́	бу́дет	ви́деть
оно́	ви́дит	оно́	ви́дело	оно́	бу́дет	ви́деть
мы	ви́дим	мы	ви́дели	мы	бу́дем	ви́деть
вы	ви́дите	вы	ви́дели	вы	бу́дете	ви́деть
они́	ви́дят	они́	ви́дели	они́	бу́дут	ви́деть

KONJUNKTIV

я ви́дел / ви́дела бы
ты ви́дел / ви́дела бы
он ви́дел бы
она́ ви́дела бы
оно́ ви́дело бы
мы ви́дели бы
вы ви́дели бы
они́ ви́дели бы

PARTIZIPIEN

AP	**Präsens**	ви́дя
P	**Präs. Aktiv**	ви́дящий
P	**Präs. Passiv**	ви́димый
P	**Prät. Aktiv**	ви́девший
P	**Prät. Passiv**	ви́денный
Kurzformen		ви́ден (adj)
		видна́ (adj)
		ви́дно (adj)
		видны́ (adj)

IMPERATIV

(Смотри́!)
(Смотри́те!)

PERFEKTIV

уви́деть

висе́ть
hängen ITR

INDIKATIV

Präsens		Präteritum		Futur / IMPF		
я	вишу́	я	висе́л / висе́ла	я	бу́ду	висе́ть
ты	виси́шь	ты	висе́л / висе́ла	ты	бу́дешь	висе́ть
он	виси́т	он	висе́л	он	бу́дет	висе́ть
она́	виси́т	она́	висе́ла	она́	бу́дет	висе́ть
оно́	виси́т	оно́	висе́ло	оно́	бу́дет	висе́ть
мы	виси́м	мы	висе́ли	мы	бу́дем	висе́ть
вы	виси́те	вы	висе́ли	вы	бу́дете	висе́ть
они́	вися́т	они́	висе́ли	они́	бу́дут	висе́ть

KONJUNKTIV

я висе́л / висе́ла бы
ты висе́л / висе́ла бы
он висе́л бы
она́ висе́ла бы
оно́ висе́ло бы
мы висе́ли бы
вы висе́ли бы
они́ висе́ли бы

PARTIZIPIEN

AP	**Präsens**	вися́
P	**Präs. Aktiv**	вися́щий
P	**Prät. Aktiv**	висе́вший

IMPERATIV

Виси́!
Виси́те!

PERFEKTIV

—

Perfektives Verb

включи́ть

einschalten

INDIKATIV

Futur / PF		Präteritum	
я	включу́	я	включи́л / включи́ла
ты	включи́шь	ты	включи́л / включи́ла
он	включи́т	он	включи́л
она́	включи́т	она́	включи́ла
оно́	включи́т	оно́	включи́ло
мы	включи́м	мы	включи́ли
вы	включи́те	вы	включи́ли
они́	включа́т	они́	включи́ли

KONJUNKTIV

я	включи́л / включи́ла	бы
ты	включи́л / включи́ла	бы
он	включи́л	бы
она́	включи́ла	бы
оно́	включи́ло	бы
мы	включи́ли	бы
вы	включи́ли	бы
они́	включи́ли	бы

PARTIZIPIEN

AP	**Präteritum**	включи́в
P	**Prät. Aktiv**	включи́вший
P	**Prät. Passiv**	включённый
Kurzformen		включён
		включена́
		включено́
		включены́

IMPERATIV

Включи́!

Включи́те!

IMPERFEKTIV

включа́ть

Imperfektives Verb

влечь

zur Folge haben

INDIKATIV

Präsens		Präteritum		Futur / IMPF		
я	влеку́	я	влёк / влекла́	я	бу́ду	влечь
ты	влечёшь	ты	влёк / влекла́	ты	бу́дешь	влечь
он	влечёт	он	влёк	он	бу́дет	влечь
она́	влечёт	она́	влекла́	она́	бу́дет	влечь
оно́	влечёт	оно́	влекло́	оно́	бу́дет	влечь
мы	влечём	мы	влекли́	мы	бу́дем	влечь
вы	влечёте	вы	влекли́	вы	бу́дете	влечь
они́	влеку́т	они́	влекли́	они́	бу́дут	влечь

KONJUNKTIV

я	влёк / влекла	бы
ты	влёк / влекла	бы
он	влёк	бы
она́	влекла́	бы
оно́	влекло́	бы
мы	влекли́	бы
вы	влекли́	бы
они́	влекли́	бы

PARTIZIPIEN

P	**Präs. Aktiv**	влеку́щий
P	**Präs. Passiv**	влеко́мый
P	**Prät. Aktiv**	влёкший

IMPERATIV

Влеки́!

Влеки́те!

PERFEKTIV

повле́чь

води́ть UNBEST
führen

INDIKATIV

Präsens		Präteritum		Futur / IMPF		
я	вожу́	я	води́л / води́ла	я	бу́ду	води́ть
ты	во́дишь	ты	води́л / води́ла	ты	бу́дешь	води́ть
он	во́дит	он	води́л	он	бу́дет	води́ть
она́	во́дит	она́	води́ла	она́	бу́дет	води́ть
оно́	во́дит	оно́	води́ло	оно́	бу́дет	води́ть
мы	во́дим	мы	води́ли	мы	бу́дем	води́ть
вы	во́дите	вы	води́ли	вы	бу́дете	води́ть
они́	во́дят	они́	води́ли	они́	бу́дут	води́ть

KONJUNKTIV

я	води́л / води́ла	бы
ты	води́л / води́ла	бы
он	води́л	бы
она́	води́ла	бы
оно́	води́ло	бы
мы	води́ли	бы
вы	води́ли	бы
они́	води́ли	бы

PARTIZIPIEN

AP	**Präsens**	водя́
P	**Präs. Aktiv**	водя́щий
P	**Präs. Passiv**	води́мый
P	**Prät. Aktiv**	води́вший

IMPERATIV

Води́!
Води́те!

BESTIMMT

вести́ → 18

вози́ть UNBEST
transportieren, fahren TR

INDIKATIV

Präsens		Präteritum		Futur / IMPF		
я	вожу́	я	вози́л / вози́ла	я	бу́ду	вози́ть
ты	во́зишь	ты	вози́л / вози́ла	ты	бу́дешь	вози́ть
он	во́зит	он	вози́л	он	бу́дет	вози́ть
она́	во́зит	она́	вози́ла	она́	бу́дет	вози́ть
оно́	во́зит	оно́	вози́ло	оно́	бу́дет	вози́ть
мы	во́зим	мы	вози́ли	мы	бу́дем	вози́ть
вы	во́зите	вы	вози́ли	вы	бу́дете	вози́ть
они́	во́зят	они́	вози́ли	они́	бу́дут	вози́ть

KONJUNKTIV

я	вози́л / вози́ла	бы
ты	вози́л / вози́ла	бы
он	вози́л	бы
она́	вози́ла	бы
оно́	вози́ло	бы
мы	вози́ли	бы
вы	вози́ли	бы
они́	вози́ли	бы

PARTIZIPIEN

AP	**Präsens**	возя́
P	**Präs. Aktiv**	возя́щий
P	**Präs. Passiv**	вози́мый
P	**Prät. Aktiv**	вози́вший

IMPERATIV

Вози́!
Вози́те!

BESTIMMT

везти́ → 17

Perfektives Verb

войти́

hineingehen

INDIKATIV

Futur / PF		Präteritum	
я	войду́	я	вошёл / вошла́
ты	войдёшь	ты	вошёл / вошла́
он	войдёт	он	вошёл
она́	войдёт	она́	вошла́
оно́	войдёт	оно́	вошло́
мы	войдём	мы	вошли́
вы	войдёте	вы	вошли́
они́	войду́т	они́	вошли́

KONJUNKTIV

я	вошёл / вошла́	бы
ты	вошёл / вошла́	бы
он	вошёл	бы
она́	вошла́	бы
оно́	вошло́	бы
мы	вошли́	бы
вы	вошли́	бы
они́	вошли́	бы

PARTIZIPIEN

AP	**Präteritum**	войдя́
P	**Prät. Aktiv**	воше́дший

IMPERATIV

Войди́!
Войди́те!

IMPERFEKTIV

входи́ть → 32

Perfektives Verb

вспо́мнить

sich erinnern

INDIKATIV

Futur / PF		Präteritum	
я	вспо́мню	я	вспо́мнил / вспо́мнила
ты	вспо́мнишь	ты	вспо́мнил / вспо́мнила
он	вспо́мнит	он	вспо́мнил
она́	вспо́мнит	она́	вспо́мнила
оно́	вспо́мнит	оно́	вспо́мнило
мы	вспо́мним	мы	вспо́мнили
вы	вспо́мните	вы	вспо́мнили
они́	вспо́мнят	они́	вспо́мнили

KONJUNKTIV

я	вспо́мнил / вспо́мнила	бы
ты	вспо́мнил / вспо́мнила	бы
он	вспо́мнил	бы
она́	вспо́мнила	бы
оно́	вспо́мнило	бы
мы	вспо́мнили	бы
вы	вспо́мнили	бы
они́	вспо́мнили	бы

PARTIZIPIEN

AP	**Präteritum**	вспо́мнив
P	**Prät. Aktiv**	вспо́мнивший

IMPERATIV

Вспо́мни!
Вспо́мните!

IMPERFEKTIV

вспомина́ть

встава́ть
aufstehen

INDIKATIV

Präsens		Präteritum		Futur / IMPF		
я	встаю	я	встава́л / встава́ла	я	бу́ду	встава́ть
ты	встаёшь	ты	встава́л / встава́ла	ты	бу́дешь	встава́ть
он	встаёт	он	встава́л	он	бу́дет	встава́ть
она́	встаёт	она́	встава́ла	она́	бу́дет	встава́ть
оно́	встаёт	оно́	встава́ло	оно́	бу́дет	встава́ть
мы	встаём	мы	встава́ли	мы	бу́дем	встава́ть
вы	встаёте	вы	встава́ли	вы	бу́дете	встава́ть
они́	встаю́т	они́	встава́ли	они́	бу́дут	встава́ть

KONJUNKTIV

я	встава́л / встава́ла бы
ты	встава́л / встава́ла бы
он	встава́л бы
она́	встава́ла бы
оно́	встава́ло бы
мы	встава́ли бы
вы	встава́ли бы
они́	встава́ли бы

PARTIZIPIEN

AP	**Präsens**	встава́я
P	**Präs. Aktiv**	встаю́щий
P	**Prät. Aktiv**	встава́вший

IMPERATIV

Встава́й!
Встава́йте!

PERFEKTIV

вста́ть → 30

встать
aufstehen

INDIKATIV

Futur / PF		Präteritum	
я	вста́ну	я	встал / вста́ла
ты	вста́нешь	ты	встал / вста́ла
он	вста́нет	он	встал
она́	вста́нет	она́	вста́ла
оно́	вста́нет	оно́	вста́ло
мы	вста́нем	мы	вста́ли
вы	вста́нете	вы	вста́ли
они́	вста́нут	они́	вста́ли

KONJUNKTIV

я	встал / вста́ла бы
ты	встал / вста́ла бы
он	встал бы
она́	вста́ла бы
оно́	вста́ло бы
мы	вста́ли бы
вы	вста́ли бы
они́	вста́ли бы

PARTIZIPIEN

AP	**Präteritum**	встав
P	**Prät. Aktiv**	вста́вший

IMPERATIV

Встань!
Вста́ньте!

IMPERFEKTIV

встава́ть
→ 29

Perfektives Verb

встре́тить

treffen

INDIKATIV

Futur / PF		Präteritum	
я	встре́чу	я	встре́тил / встре́тила
ты	встре́тишь	ты	встре́тил / встре́тила
он	встре́тит	он	встре́тил
она́	встре́тит	она́	встре́тила
оно́	встре́тит	оно́	встре́тило
мы	встре́тим	мы	встре́тили
вы	встре́тите	вы	встре́тили
они́	встре́тят	они́	встре́тили

KONJUNKTIV

я	встре́тил / встре́тила бы
ты	встре́тил / встре́тила бы
он	встре́тил бы
она́	встре́тила бы
оно́	встре́тило бы
мы	встре́тили бы
вы	встре́тили бы
они́	встре́тили бы

PARTIZIPIEN

AP	**Präteritum**	встре́тив
P	**Prät. Aktiv**	встре́тивший
P	**Prät. Passiv**	встре́ченный
Kurzformen		встре́чен
		встре́чена
		встре́чено
		встре́чены

IMPERATIV

Встреть!
Встре́тьте!

IMPERFEKTIV

встреча́ть

Imperfektives Verb

входи́ть

hineingehen

INDIKATIV

Präsens		Präteritum		Futur / IMPF		
я	вхожу́	я	входи́л / входи́ла	я	бу́ду	входи́ть
ты	вхо́дишь	ты	входи́л / входи́ла	ты	бу́дешь	входи́ть
он	вхо́дит	он	входи́л	он	бу́дет	входи́ть
она́	вхо́дит	она́	входи́ла	она́	бу́дет	входи́ть
оно́	вхо́дит	оно́	входи́ло	оно́	бу́дет	входи́ть
мы	вхо́дим	мы	входи́ли	мы	бу́дем	входи́ть
вы	вхо́дите	вы	входи́ли	вы	бу́дете	входи́ть
они́	вхо́дят	они́	входи́ли	они́	бу́дут	входи́ть

KONJUNKTIV

я	входи́л / входи́ла бы
ты	входи́л / входи́ла бы
он	входи́л бы
она́	входи́ла бы
оно́	входи́ло бы
мы	входи́ли бы
вы	входи́ли бы
они́	входи́ли бы

PARTIZIPIEN

AP	**Präsens**	входя́
P	**Präs. Aktiv**	входя́щий
P	**Prät. Aktiv**	входи́вший

IMPERATIV

Входи́!
Входи́те!

PERFEKTIV

войти́ → 27

вы́брать
wählen

INDIKATIV

Futur / PF		Präteritum	
я	вы́беру	я	вы́брал / вы́брала
ты	вы́берешь	ты	вы́брал / вы́брала
он	вы́берет	он	вы́брал
она́	вы́берет	она́	вы́брала
оно́	вы́берет	оно́	вы́брало
мы	вы́берем	мы	вы́брали
вы	вы́берете	вы	вы́брали
они́	вы́берут	они́	вы́брали

KONJUNKTIV

я вы́брал / вы́брала бы
ты вы́брал / вы́брала бы
он вы́брал бы
она́ вы́брала бы
оно́ вы́брало бы
мы вы́брали бы
вы вы́брали бы
они́ вы́брали бы

PARTIZIPIEN

AP Präteritum	вы́брав
P Prät. Aktiv	вы́бравший
P Prät. Passiv	вы́бранный
Kurzformen	вы́бран
	вы́брана
	вы́брано
	вы́браны

IMPERATIV

Вы́бери!
Вы́берите!

IMPERFEKTIV

выбира́ть

вы́ключить
ausschalten

INDIKATIV

Futur / PF		Präteritum	
я	вы́ключу	я	вы́ключил / вы́ключила
ты	вы́ключишь	ты	вы́ключил / вы́ключила
он	вы́ключит	он	вы́ключил
она́	вы́ключит	она́	вы́ключила
оно́	вы́ключит	оно́	вы́ключило
мы	вы́ключим	мы	вы́ключили
вы	вы́ключите	вы	вы́ключили
они́	вы́ключат	они́	вы́ключили

KONJUNKTIV

я вы́ключил / вы́ключила бы
ты вы́ключил / вы́ключила бы
он вы́ключил бы
она́ вы́ключила бы
оно́ вы́ключило бы
мы вы́ключили бы
вы вы́ключили бы
они́ вы́ключили бы

PARTIZIPIEN

AP Präteritum	вы́ключив
P Prät. Aktiv	вы́ключивший
P Prät. Passiv	вы́ключенный
Kurzformen	вы́ключен
	вы́ключена
	вы́ключено
	вы́ключены

IMPERATIV

Вы́ключи!
Вы́ключите!

IMPERFEKTIV

выключа́ть

Perfektives Verb

вы́разить

ausdrücken, äußern

INDIKATIV

Futur / PF		Präteritum	
я	вы́ражу	я	вы́разил / вы́разила
ты	вы́разишь	ты	вы́разил / вы́разила
он	вы́разит	он	вы́разил
она́	вы́разит	она́	вы́разила
оно́	вы́разит	оно́	вы́разило
мы	вы́разим	мы	вы́разили
вы	вы́разите	вы	вы́разили
они́	вы́разят	они́	вы́разили

KONJUNKTIV

я	вы́разил / вы́разила	бы
ты	вы́разил / вы́разила	бы
он	вы́разил	бы
она́	вы́разила	бы
оно́	вы́разило	бы
мы	вы́разили	бы
вы	вы́разили	бы
они́	вы́разили	бы

PARTIZIPIEN

AP	**Präteritum**	вы́разив
P	**Prät. Aktiv**	вы́разивший
P	**Prät. Passiv**	вы́раженный
Kurzformen		вы́ражен
		вы́ражена
		вы́ражено
		вы́ражены

IMPERATIV

Вы́рази!

Вы́разите!

IMPERFEKTIV

выража́ть

Imperfektives Verb

гла́дить

streicheln; bügeln

INDIKATIV

Präsens		Präteritum		Futur / IMPF		
я	гла́жу	я	гла́дил / гла́дила	я	бу́ду	гла́дить
ты	гла́дишь	ты	гла́дил / гла́дила	ты	бу́дешь	гла́дить
он	гла́дит	он	гла́дил	он	бу́дет	гла́дить
она́	гла́дит	она́	гла́дила	она́	бу́дет	гла́дить
оно́	гла́дит	оно́	гла́дило	оно́	бу́дет	гла́дить
мы	гла́дим	мы	гла́дили	мы	бу́дем	гла́дить
вы	гла́дите	вы	гла́дили	вы	бу́дете	гла́дить
они́	гла́дят	они́	гла́дили	они́	бу́дут	гла́дить

KONJUNKTIV

я	гла́дил / гла́дила	бы
ты	гла́дил / гла́дила	бы
он	гла́дил	бы
она́	гла́дила	бы
оно́	гла́дило	бы
мы	гла́дили	бы
вы	гла́дили	бы
они́	гла́дили	бы

PARTIZIPIEN

AP	**Präsens**	гла́дя
P	**Präs. Aktiv**	гладя́щий
P	**Präs. Passiv**	глади́мый
P	**Prät. Aktiv**	глади́вший
P	**Prät. Passiv**	гла́женный
		гла́женый (adj)

IMPERATIV

Гладь!

Гла́дьте!

PERFEKTIV

погла́дить

глуши́ть

1. betäuben; 2. dämpfen

INDIKATIV

Präsens		Präteritum		Futur / IMPF		
я	глушу́	я	глуши́л / глуши́ла	я	бу́ду	глуши́ть
ты	глу́шишь	ты	глуши́л / глуши́ла	ты	бу́дешь	глуши́ть
он	глу́шит	он	глуши́л	он	бу́дет	глуши́ть
она́	глу́шит	она́	глуши́ла	она́	бу́дет	глуши́ть
оно́	глу́шит	оно́	глуши́ло	оно́	бу́дет	глуши́ть
мы	глу́шим	мы	глуши́ли	мы	бу́дем	глуши́ть
вы	глу́шите	вы	глуши́ли	вы	бу́дете	глуши́ть
они́	глу́шат	они́	глуши́ли	они́	бу́дут	глуши́ть

KONJUNKTIV

я	глуши́л / глуши́ла	бы
ты	глуши́л / глуши́ла	бы
он	глуши́л	бы
она́	глуши́ла	бы
оно́	глуши́ло	бы
мы	глуши́ли	бы
вы	глуши́ли	бы
они́	глуши́ли	бы

PARTIZIPIEN

AP	**Präsens**	глуша́
P	**Präs. Aktiv**	глуша́щий
P	**Prät. Aktiv**	глуши́вший

IMPERATIV

Глуши́!
Глуши́те!

PERFEKTIV

1. оглуши́ть
2. заглуши́ть

гляде́ть

ansehen

INDIKATIV

Präsens		Präteritum		Futur / IMPF		
я	гляжу́	я	гляде́л / гляде́ла	я	бу́ду	гляде́ть
ты	гляди́шь	ты	гляде́л / гляде́ла	ты	бу́дешь	гляде́ть
он	гляди́т	он	гляде́л	он	бу́дет	гляде́ть
она́	гляди́т	она́	гляде́ла	она́	бу́дет	гляде́ть
оно́	гляди́т	оно́	гляде́ло	оно́	бу́дет	гляде́ть
мы	гляди́м	мы	гляде́ли	мы	бу́дем	гляде́ть
вы	гляди́те	вы	гляде́ли	вы	бу́дете	гляде́ть
они́	глядя́т	они́	гляде́ли	они́	бу́дут	гляде́ть

KONJUNKTIV

я	гляде́л / гляде́ла	бы
ты	гляде́л / гляде́ла	бы
он	гляде́л	бы
она́	гляде́ла	бы
оно́	гляде́ло	бы
мы	гляде́ли	бы
вы	гляде́ли	бы
они́	гляде́ли	бы

PARTIZIPIEN

AP	**Präsens**	гля́дя
P	**Präs. Aktiv**	глядя́щий
P	**Prät. Aktiv**	гляде́вший

IMPERATIV

Гляди́!
Гляди́те!

PERFEKTIV

погляде́ть

Imperfektives Verb

гнать BEST

treiben, jagen

INDIKATIV

Präsens		Präteritum		Futur / IMPF		
я	гоню́	я	гнал / гнала́	я	бу́ду	гнать
ты	го́нишь	ты	гнал / гнала́	ты	бу́дешь	гнать
он	го́нит	он	гнал	он	бу́дет	гнать
она́	го́нит	она́	гнала́	она́	бу́дет	гнать
оно́	го́нит	оно́	гна́ло	оно́	бу́дет	гнать
мы	го́ним	мы	гна́ли	мы	бу́дем	гнать
вы	го́ните	вы	гна́ли	вы	бу́дете	гнать
они́	го́нят	они́	гна́ли	они́	бу́дут	гнать

KONJUNKTIV

я	гнал / гнала́	бы
ты	гнал / гнала́	бы
он	гнал	бы
она́	гнала́	бы
оно́	гна́ло	бы
мы	гна́ли	бы
вы	гна́ли	бы
они́	гна́ли	бы

PARTIZIPIEN

AP	**Präsens**	гоня́
P	**Präs. Aktiv**	гоня́щий
P	**Prät. Aktiv**	гна́вший
P	**Prät. Passiv**	гони́мый

IMPERATIV

Гони́!
Гони́те!

UNBESTIMMT

гоня́ть → 43

Imperfektives Verb

гнить

faulen

INDIKATIV

Präsens		Präteritum		Futur / IMPF		
я	гнию́	я	гнил / гнила́	я	бу́ду	гнить
ты	гниёшь	ты	гнил / гнила́	ты	бу́дешь	гнить
он	гниёт	он	гнил	он	бу́дет	гнить
она́	гниёт	она́	гнила́	она́	бу́дет	гнить
оно́	гниёт	оно́	гни́ло	оно́	бу́дет	гнить
мы	гниём	мы	гни́ли	мы	бу́дем	гнить
вы	гниёте	вы	гни́ли	вы	бу́дете	гнить
они́	гнию́т	они́	гни́ли	они́	бу́дут	гнить

KONJUNKTIV

я	гнил / гнила́	бы
ты	гнил / гнила́	бы
он	гнил	бы
она́	гнила́	бы
оно́	гни́ло	бы
мы	гни́ли	бы
вы	гни́ли	бы
они́	гни́ли	бы

PARTIZIPIEN

AP	**Präsens**	гния́
P	**Präs. Aktiv**	гнию́щий
P	**Prät. Aktiv**	гни́вший

IMPERATIV

—
—

PERFEKTIV

сгни́ть

гнуть
biegen

INDIKATIV

Präsens		Präteritum		Futur / IMPF		
я	гну	я	гнул / гну́ла	я	бу́ду	гнуть
ты	гнёшь	ты	гнул / гну́ла	ты	бу́дешь	гнуть
он	гнёт	он	гнул	он	бу́дет	гнуть
она́	гнёт	она́	гну́ла	она́	бу́дет	гнуть
оно́	гнёт	оно́	гну́ло	оно́	бу́дет	гнуть
мы	гнём	мы	гну́ли	мы	бу́дем	гнуть
вы	гнёте	вы	гну́ли	вы	бу́дете	гнуть
они́	гнут	они́	гну́ли	они́	бу́дут	гнуть

KONJUNKTIV

я	гнул / гну́ла бы
ты	гнул / гну́ла бы
он	гнул бы
она́	гну́ла бы
оно́	гну́ло бы
мы	гну́ли бы
вы	гну́ли бы
они́	гну́ли бы

PARTIZIPIEN

P	**Präs. Aktiv**	гну́щий
P	**Prät. Aktiv**	гну́вший
P	**Prät. Passiv**	гну́тый

IMPERATIV

Гни!
Гни́те!

PERFEKTIV

согну́ть

говори́ть
sagen, sprechen

INDIKATIV

Präsens		Präteritum		Futur / IMPF		
я	говорю́	я	говори́л / говори́ла	я	бу́ду	говори́ть
ты	говори́шь	ты	говори́л / говори́ла	ты	бу́дешь	говори́ть
он	говори́т	он	говори́л	он	бу́дет	говори́ть
она́	говори́т	она́	говори́ла	она́	бу́дет	говори́ть
оно́	говори́т	оно́	говори́ло	оно́	бу́дет	говори́ть
мы	говори́м	мы	говори́ли	мы	бу́дем	говори́ть
вы	говори́те	вы	говори́ли	вы	бу́дете	говори́ть
они́	говоря́т	они́	говори́ли	они́	бу́дут	говори́ть

KONJUNKTIV

я	говори́л / говори́ла бы
ты	говори́л / говори́ла бы
он	говори́л бы
она́	говори́ла бы
оно́	говори́ло бы
мы	говори́ли бы
вы	говори́ли бы
они́	говори́ли бы

PARTIZIPIEN

AP	**Präsens**	говоря́
P	**Präs. Aktiv**	говоря́щий
P	**Prät. Aktiv**	говори́вший
P	**Prät. Passiv**	говорённый
Kurzformen		говорён
		говорена́
		говорено́
		говорены́

IMPERATIV

Говори́!
Говори́те!

PERFEKTIV

сказа́ть → 165

Imperfektives Verb

гоня́ть UNBEST
treiben, jagen

INDIKATIV

Präsens		Präteritum		Futur / IMPF		
я	гоня́ю	я	гоня́л / гоня́ла	я	бу́ду	гоня́ть
ты	гоня́ешь	ты	гоня́л / гоня́ла	ты	бу́дешь	гоня́ть
он	гоня́ет	он	гоня́л	он	бу́дет	гоня́ть
она́	гоня́ет	она́	гоня́ла	она́	бу́дет	гоня́ть
оно́	гоня́ет	оно́	гоня́ло	оно́	бу́дет	гоня́ть
мы	гоня́ем	мы	гоня́ли	мы	бу́дем	гоня́ть
вы	гоня́ете	вы	гоня́ли	вы	бу́дете	гоня́ть
они́	гоня́ют	они́	гоня́ли	они́	бу́дут	гоня́ть

KONJUNKTIV

я	гоня́л / гоня́ла бы
ты	гоня́л / гоня́ла бы
он	гоня́л бы
она́	гоня́ла бы
оно́	гоня́ло бы
мы	гоня́ли бы
вы	гоня́ли бы
они́	гоня́ли бы

PARTIZIPIEN

AP	**Präsens**	гоня́я
P	**Präs. Aktiv**	гоня́ющий
P	**Präs. Passiv**	гоня́емый
P	**Prät. Aktiv**	гоня́вший

IMPERATIV

Гоня́й!
Гоня́йте!

BESTIMMT

гнать → 39

Imperfektives Verb

горди́ться
stolz sein

INDIKATIV

Präsens		Präteritum		Futur / IMPF		
я	горжу́сь	я	горди́лся / горди́лась	я	бу́ду	горди́ться
ты	горди́шься	ты	горди́лся / горди́лась	ты	бу́дешь	горди́ться
он	горди́тся	он	горди́лся	он	бу́дет	горди́ться
она́	горди́тся	она́	горди́лась	она́	бу́дет	горди́ться
оно́	горди́тся	оно́	горди́лось	оно́	бу́дет	горди́ться
мы	горди́мся	мы	горди́лись	мы	бу́дем	горди́ться
вы	горди́тесь	вы	горди́лись	вы	бу́дете	горди́ться
они́	гордя́тся	они́	горди́лись	они́	бу́дут	горди́ться

KONJUNKTIV

я	горди́лся / горди́лась бы
ты	горди́лся / горди́лась бы
он	горди́лся бы
она́	горди́лась бы
оно́	горди́лось бы
мы	горди́лись бы
вы	горди́лись бы
они́	горди́лись бы

PARTIZIPIEN

AP	**Präsens**	гордя́сь
P	**Präs. Aktiv**	гордя́щийся
P	**Prät. Aktiv**	горди́вшийся

IMPERATIV

Горди́сь!
Горди́тесь!

PERFEKTIV

—

горéть
brennen

INDIKATIV

Präsens		Präteritum		Futur / IMPF		
я	горю́	я	горéл / горéла	я	бу́ду	горéть
ты	гори́шь	ты	горéл / горéла	ты	бу́дешь	горéть
он	гори́т	он	горéл	он	бу́дет	горéть
онá	гори́т	онá	горéла	онá	бу́дет	горéть
онó	гори́т	онó	горéло	онó	бу́дет	горéть
мы	гори́м	мы	горéли	мы	бу́дем	горéть
вы	гори́те	вы	горéли	вы	бу́дете	горéть
они́	горя́т	они́	горéли	они́	бу́дут	горéть

KONJUNKTIV

я горéл / горéла бы
ты горéл / горéла бы
он горéл бы
онá горéла бы
онó горéло бы
мы горéли бы
вы горéли бы
они́ горéли бы

PARTIZIPIEN

AP	**Präsens**	горя́
P	**Präs. Aktiv**	горя́щий
P	**Prät. Aktiv**	горéвший

IMPERATIV

Гори́!
Гори́те!

PERFEKTIV

сгорéть

готóвить
1. vorbereiten; 2. kochen

INDIKATIV

Präsens		Präteritum		Futur / IMPF		
я	готóвлю	я	готóвил / готóвила	я	бу́ду	готóвить
ты	готóвишь	ты	готóвил / готóвила	ты	бу́дешь	готóвить
он	готóвит	он	готóвил	он	бу́дет	готóвить
онá	готóвит	онá	готóвила	онá	бу́дет	готóвить
онó	готóвит	онó	готóвило	онó	бу́дет	готóвить
мы	готóвим	мы	готóвили	мы	бу́дем	готóвить
вы	готóвите	вы	готóвили	вы	бу́дете	готóвить
они́	готóвят	они́	готóвили	они́	бу́дут	готóвить

KONJUNKTIV

я готóвил / готóвила бы
ты готóвил / готóвила бы
он готóвил бы
онá готóвила бы
онó готóвило бы
мы готóвили бы
вы готóвили бы
они́ готóвили бы

PARTIZIPIEN

AP	**Präsens**	готóвя
P	**Präs. Aktiv**	готóвящий
P	**Prät. Aktiv**	готóвивший

IMPERATIV

Готóвь!
Готóвьте!

PERFEKTIV

1. подготóвить
2. приготóвить

Imperfektives Verb

грози́ть
drohen

INDIKATIV

Präsens		Präteritum		Futur / IMPF		
я	грожу́	я	грози́л / грози́ла	я	бу́ду	грози́ть
ты	грози́шь	ты	грози́л / грози́ла	ты	бу́дешь	грози́ть
он	грози́т	он	грози́л	он	бу́дет	грози́ть
она́	грози́т	она́	грози́ла	она́	бу́дет	грози́ть
оно́	грози́т	оно́	грози́ло	оно́	бу́дет	грози́ть
мы	грози́м	мы	грози́ли	мы	бу́дем	грози́ть
вы	грози́те	вы	грози́ли	вы	бу́дете	грози́ть
они́	грозя́т	они́	грози́ли	они́	бу́дут	грози́ть

KONJUNKTIV

я	грози́л / грози́ла	бы
ты	грози́л / грози́ла	бы
он	грози́л	бы
она́	грози́ла	бы
оно́	грози́ло	бы
мы	грози́ли	бы
вы	грози́ли	бы
они́	грози́ли	бы

PARTIZIPIEN

AP	**Präsens**	грозя́
P	**Präs. Aktiv**	грозя́щий
P	**Prät. Aktiv**	грози́вший

IMPERATIV

Грози́!
Грози́те!

PERFEKTIV

погрози́ть
пригрози́ть

Imperfektives Verb

гуля́ть
spazieren gehen

INDIKATIV

Präsens		Präteritum		Futur / IMPF		
я	гуля́ю	я	гуля́л / гуля́ла	я	бу́ду	гуля́ть
ты	гуля́ешь	ты	гуля́л / гуля́ла	ты	бу́дешь	гуля́ть
он	гуля́ет	он	гуля́л	он	бу́дет	гуля́ть
она́	гуля́ет	она́	гуля́ла	она́	бу́дет	гуля́ть
оно́	гуля́ет	оно́	гуля́ло	оно́	бу́дет	гуля́ть
мы	гуля́ем	мы	гуля́ли	мы	бу́дем	гуля́ть
вы	гуля́ете	вы	гуля́ли	вы	бу́дете	гуля́ть
они́	гуля́ют	они́	гуля́ли	они́	бу́дут	гуля́ть

KONJUNKTIV

я	гуля́л / гуля́ла	бы
ты	гуля́л / гуля́ла	бы
он	гуля́л	бы
она́	гуля́ла	бы
оно́	гуля́ло	бы
мы	гуля́ли	бы
вы	гуля́ли	бы
они́	гуля́ли	бы

PARTIZIPIEN

AP	**Präsens**	гуля́я
P	**Präs. Aktiv**	гуля́ющий
P	**Prät. Aktiv**	гуля́вший

IMPERATIV

Гуля́й!
Гуля́йте!

PERFEKTIV

погуля́ть

дава́ть
geben

INDIKATIV

Präsens		Präteritum		Futur / IMPF		
я	даю́	я	дава́л / дава́ла	я	бу́ду	дава́ть
ты	даёшь	ты	дава́л / дава́ла	ты	бу́дешь	дава́ть
он	даёт	он	дава́л	он	бу́дет	дава́ть
она́	даёт	она́	дава́ла	она́	бу́дет	дава́ть
оно́	даёт	оно́	дава́ло	оно́	бу́дет	дава́ть
мы	даём	мы	дава́ли	мы	бу́дем	дава́ть
вы	даёте	вы	дава́ли	вы	бу́дете	дава́ть
они́	даю́т	они́	дава́ли	они́	бу́дут	дава́ть

KONJUNKTIV

я	дава́л / дава́ла	бы
ты	дава́л / дава́ла	бы
он	дава́л	бы
она́	дава́ла	бы
оно́	дава́ло	бы
мы	дава́ли	бы
вы	дава́ли	бы
они́	дава́ли	бы

PARTIZIPIEN

AP	Präsens	дава́я
P	Präs. Passiv	даю́щий
P	Präs. Passiv	дава́емый
P	Prät. Aktiv	дава́вший

IMPERATIV

Дава́й!
Дава́йте!

PERFEKTIV

дать → 50

дать
geben

INDIKATIV

Futur / PF		Präteritum	
я	дам	я	дал / дала́
ты	дашь	ты	дал / дала́
он	даст	он	дал
она́	даст	она́	дала́
оно́	даст	оно́	дало́
мы	дади́м	мы	да́ли
вы	дади́те	вы	да́ли
они́	даду́т	они́	да́ли

KONJUNKTIV

я	дал / дала́	бы
ты	дал / дала́	бы
он	дал	бы
она́	дала́	бы
оно́	дало́	бы
мы	да́ли	бы
вы	да́ли	бы
они́	да́ли	бы

PARTIZIPIEN

AP	Präteritum	дав
P	Prät. Aktiv	да́вший
P	Prät. Passiv	да́нный
Kurzformen		дан
		дана́
		дано́
		даны́

IMPERATIV

Дай!
Да́йте!

IMPERFEKTIV

дава́ть → 49

51 девáть

Imperfektives Verb

девáть

hintun, hinlegen

INDIKATIV

Präsens		Präteritum		Futur / IMPF		
я	девáю	я	девáл / девáла	я	бýду	девáть
ты	девáешь	ты	девáл / девáла	ты	бýдешь	девáть
он	девáет	он	девáл	он	бýдет	девáть
онá	девáет	онá	девáла	онá	бýдет	девáть
онó	девáет	онó	девáло	онó	бýдет	девáть
мы	девáем	мы	девáли	мы	бýдем	девáть
вы	девáете	вы	девáли	вы	бýдете	девáть
онú	девáют	онú	девáли	онú	бýдут	девáть

KONJUNKTIV

я	девáл / девáла	бы
ты	девáл / девáла	бы
он	девáл	бы
онá	девáла	бы
онó	девáло	бы
мы	девáли	бы
вы	девáли	бы
онú	девáли	бы

PARTIZIPIEN

AP	**Präsens**	девáя
P	**Präs. Aktiv**	девáющий
P	**Präs. Passiv**	девáемый
P	**Prät. Aktiv**	девáвший

IMPERATIV

Девáй!
Девáйте!

PERFEKTIV

деть → 55

52 дéлать

Imperfektives Verb

дéлать

machen, tun

INDIKATIV

Präsens		Präteritum		Futur / IMPF		
я	дéлаю	я	дéлал / дéлала	я	бýду	дéлать
ты	дéлаешь	ты	дéлал / дéлала	ты	бýдешь	дéлать
он	дéлает	он	дéлал	он	бýдет	дéлать
онá	дéлает	онá	дéлала	онá	бýдет	дéлать
онó	дéлает	онó	дéлало	онó	бýдет	дéлать
мы	дéлаем	мы	дéлали	мы	бýдем	дéлать
вы	дéлаете	вы	дéлали	вы	бýдете	дéлать
онú	дéлают	онú	дéлали	онú	бýдут	дéлать

KONJUNKTIV

я	дéла / дéла	бы
ты	дéла / дéла	бы
он	дéлал	бы
онá	дéлала	бы
онó	дéлало	бы
мы	дéлали	бы
вы	дéлали	бы
онú	дéлали	бы

PARTIZIPIEN

AP	**Präsens**	дéлая
P	**Präs. Aktiv**	дéлающий
P	**Präs. Passiv**	дéлаемый
P	**Prät. Aktiv**	дéлавший

IMPERATIV

Дéлай!
Дéлайте!

BESTIMMT

сдéлать
→ 162

дели́ть
teilen

INDIKATIV

Präsens		Präteritum		Futur / IMPF		
я	делю́	я	дели́л / дели́ла	я	бу́ду	дели́ть
ты	де́лишь	ты	дели́л / дели́ла	ты	бу́дешь	дели́ть
он	де́лит	он	дели́л	он	бу́дет	дели́ть
она́	де́лит	она́	дели́ла	она́	бу́дет	дели́ть
оно́	де́лит	оно́	дели́ло	оно́	бу́дет	дели́ть
мы	де́лим	мы	дели́ли	мы	бу́дем	дели́ть
вы	де́лите	вы	дели́ли	вы	бу́дете	дели́ть
они́	де́лят	они́	дели́ли	они́	бу́дут	дели́ть

KONJUNKTIV

я	дели́л / дели́ла	бы
ты	дели́л / дели́ла	бы
он	дели́л	бы
она́	дели́ла	бы
оно́	дели́ло	бы
мы	дели́ли	бы
вы	дели́ли	бы
они́	дели́ли	бы

PARTIZIPIEN

AP	**Präsens**	деля́
P	**Präs. Aktiv**	де́лящий
P	**Präs. Passiv**	дели́мый
P	**Prät. Aktiv**	дели́вший

IMPERATIV

Дели́!
Дели́те!

PERFEKTIV

подели́ть
раздели́ть

держа́ть
halten

INDIKATIV

Präsens		Präteritum		Futur / IMPF		
я	держу́	я	держа́л / держа́ла	я	бу́ду	держа́ть
ты	де́ржишь	ты	держа́л / держа́ла	ты	бу́дешь	держа́ть
он	де́ржит	он	держа́л	он	бу́дет	держа́ть
она́	де́ржит	она́	держа́ла	она́	бу́дет	держа́ть
оно́	де́ржит	оно́	держа́ло	оно́	бу́дет	держа́ть
мы	де́ржим	мы	держа́ли	мы	бу́дем	держа́ть
вы	де́ржите	вы	держа́ли	вы	бу́дете	держа́ть
они́	де́ржат	они́	держа́ли	они́	бу́дут	держа́ть

KONJUNKTIV

я	держа́л / держа́ла	бы
ты	держа́л / держа́ла	бы
он	держа́л	бы
она́	держа́ла	бы
оно́	держа́ло	бы
мы	держа́ли	бы
вы	держа́ли	бы
они́	держа́ли	бы

PARTIZIPIEN

AP	**Präsens**	держа́
P	**Präs. Aktiv**	держа́щий
P	**Prät. Aktiv**	держа́вший

IMPERATIV

Держи́!
Держи́те!

PERFEKTIV

подержа́ть

Perfektives Verb

деть
hintun, hinlegen

INDIKATIV

Futur / PF		Präteritum	
я	дéну	я	дел / дéла
ты	дéнешь	ты	дел / дéла
он	дéнет	он	дел
онá	дéнет	онá	дéла
онó	дéнет	онó	дéло
мы	дéнем	мы	дéли
вы	дéнете	вы	дéли
онú	дéнут	онú	дéли

KONJUNKTIV

я дел / дéла бы
ты дел / дéла бы
он дел бы
онá дéла бы
онó дéло бы
мы дéли бы
вы дéли бы
онú дéли бы

PARTIZIPIEN

AP	**Präteritum**	дéвши
P	**Prät. Aktiv**	дéвший
P	**Prät. Passiv**	дéтый
Kurzformen		дéт
		дéта
		дéто
		дéты

IMPERATIV

День!
Дéньте!

IMPERFEKTIV

девáть → 51

Perfektives Verb

договорúться
sich verabreden

INDIKATIV

Futur / PF		Präteritum	
я	договорю́сь	я	договорúлся / договорúлась
ты	договорúшься	ты	договорúлся / договорúлась
он	договорúтся	он	договорúлся
онá	договорúтся	онá	договорúлась
онó	договорúтся	онó	договорúлось
мы	договорúмся	мы	договорúлись
вы	договорúтесь	вы	договорúлись
онú	договоря́тся	онú	договорúлись

KONJUNKTIV

я договорúлся/договорúлась бы
ты договорúлся/договорúлась бы
он договорúлся бы
онá договорúлась бы
онó договорúлось бы
мы договорúлись бы
вы договорúлись бы
онú договорúлись бы

PARTIZIPIEN

AP	**Präteritum**	договорúвшись
P	**Prät. Aktiv**	договорúвшийся

IMPERATIV

Договорúсь!
Договорúтесь!

IMPERFEKTIV

договáриваться

дра́ться
sich raufen

INDIKATIV

Präsens		Präteritum		Futur / IMPF		
я	деру́сь	я	дра́лся / драла́сь	я	бу́ду	дра́ться
ты	дерёшься	ты	дра́лся / драла́сь	ты	бу́дешь	дра́ться
он	дерётся	он	дра́лся	он	бу́дет	дра́ться
она́	дерётся	она́	драла́сь	она́	бу́дет	дра́ться
оно́	дерётся	оно́	дра́лось	оно́	бу́дет	дра́ться
мы	дерёмся	мы	дра́лись	мы	бу́дем	дра́ться
вы	дерётесь	вы	дра́лись	вы	бу́дете	дра́ться
они́	деру́тся	они́	дра́лись	они́	бу́дут	дра́ться

KONJUNKTIV

я дра́лся / драла́сь бы
ты дра́лся / драла́сь бы
он дра́лся бы
она́ драла́сь бы
оно́ дра́лось бы
мы дра́лись бы
вы дра́лись бы
они́ дра́лись бы

PARTIZIPIEN

AP	Präsens	деря́сь
P	Präs. Aktiv	деру́щийся
P	Prät. Aktiv	дра́вшийся

IMPERATIV

Дери́сь!
Дери́тесь!

PERFEKTIV

подра́ться

дуть
wehen, blasen

INDIKATIV

Präsens		Präteritum		Futur / IMPF		
я	ду́ю	я	дул / ду́ла	я	бу́ду	дуть
ты	ду́ешь	ты	дул / ду́ла	ты	бу́дешь	дуть
он	ду́ет	он	дул	он	бу́дет	дуть
она́	ду́ет	она́	ду́ла	она́	бу́дет	дуть
оно́	ду́ет	оно́	ду́ло	оно́	бу́дет	дуть
мы	ду́ем	мы	ду́ли	мы	бу́дем	дуть
вы	ду́ете	вы	ду́ли	вы	бу́дете	дуть
они́	ду́ют	они́	ду́ли	они́	бу́дут	дуть

KONJUNKTIV

я дул / ду́ла бы
ты дул / ду́ла бы
он дул бы
она́ ду́ла бы
оно́ ду́ло бы
мы ду́ли бы
вы ду́ли бы
они́ ду́ли бы

PARTIZIPIEN

AP	Präsens	ду́я
P	Präs. Aktiv	ду́ющий
P	Prät. Aktiv	ду́вший
P	Prät. Passiv	ду́тый (adj)

IMPERATIV

Дуй!
Ду́йте!

PERFEKTIV

ду́нуть

Imperfektives Verb

дышáть
atmen

INDIKATIV

Präsens		Präteritum		Futur / IMPF		
я	дышу́	я	дышáл / дышáла	я	бу́ду	дышáть
ты	ды́шишь	ты	дышáл / дышáла	ты	бу́дешь	дышáть
он	ды́шит	он	дышáл	он	бу́дет	дышáть
онá	ды́шит	онá	дышáла	онá	бу́дет	дышáть
онó	ды́шит	онó	дышáло	онó	бу́дет	дышáть
мы	ды́шим	мы	дышáли	мы	бу́дем	дышáть
вы	ды́шите	вы	дышáли	вы	бу́дете	дышáть
они́	ды́шат	они́	дышáли	они́	бу́дут	дышáть

KONJUNKTIV

я	дышáл / дышáла бы
ты	дышáл / дышáла бы
он	дышáл бы
онá	дышáла бы
онó	дышáло бы
мы	дышáли бы
вы	дышáли бы
они́	дышáли бы

PARTIZIPIEN

AP	**Präsens**	дышá
P	**Präs. Aktiv**	ды́шащий
P	**Prät. Aktiv**	дышáвший

IMPERATIV

Дыши́!
Дыши́те!

PERFEKTIV

подышáть

Imperfektives Verb

éздить UNBEST
fahren

INDIKATIV

Präsens		Präteritum		Futur / IMPF		
я	éзжу	я	éздил / éздила	я	бу́ду	éздить
ты	éздишь	ты	éздил / éздила	ты	бу́дешь	éздить
он	éздит	он	éздил	он	бу́дет	éздить
онá	éздит	онá	éздила	онá	бу́дет	éздить
онó	éздит	онó	éздило	онó	бу́дет	éздить
мы	éздим	мы	éздили	мы	бу́дем	éздить
вы	éздите	вы	éздили	вы	бу́дете	éздить
они́	éздят	они́	éздили	они́	бу́дут	éздить

KONJUNKTIV

я	éздил / éздила бы
ты	éздил / éздила бы
он	éздил бы
онá	éздила бы
онó	éздило бы
мы	éздили бы
вы	éздили бы
они́	éздили бы

PARTIZIPIEN

AP	**Präsens**	éздя
P	**Präs. Aktiv**	éздящий
AP	**Präteritum**	éздив
P	**Prät. Aktiv**	éздивший

IMPERATIV

Éзди!
Éздите!

BESTIMMT

éхать → 62

есть
essen

INDIKATIV

Präsens		Präteritum		Futur / IMPF		
я	ем	я	ел / éла	я	бу́ду	есть
ты	ешь	ты	ел / éла	ты	бу́дешь	есть
он	ест	он	ел	он	бу́дет	есть
онá	ест	онá	éла	онá	бу́дет	есть
онó	ест	онó	éло	онó	бу́дет	есть
мы	еди́м	мы	éли	мы	бу́дем	есть
вы	еди́те	вы	éли	вы	бу́дете	есть
они́	едя́т	они́	éли	они́	бу́дут	есть

KONJUNKTIV

я ел / éла бы
ты ел / éла бы
он ел бы
онá éла бы
онó éло бы
мы éли бы
вы éли бы
они́ éли бы

PARTIZIPIEN

P	**Präs. Aktiv**	едя́щий
AP	**Präteritum**	éвши
P	**Prät. Aktiv**	éвший

IMPERATIV

Ешь!
Éшьте!

PERFEKTIV

съесть

éхать BEST
fahren

INDIKATIV

Präsens		Präteritum		Futur / IMPF		
я	éду	я	éхал / éхала	я	бу́ду	éхать
ты	éдешь	ты	éхал / éхала	ты	бу́дешь	éхать
он	éдет	он	éхал	он	бу́дет	éхать
онá	éдет	онá	éхала	онá	бу́дет	éхать
онó	éдет	онó	éхало	онó	бу́дет	éхать
мы	éдем	мы	éхали	мы	бу́дем	éхать
вы	éдете	вы	éхали	вы	бу́дете	éхать
они́	éдут	они́	éхали	они́	бу́дут	éхать

KONJUNKTIV

я éхал / éхала бы
ты éхал / éхала бы
он éхал бы
онá éхала бы
онó éхало бы
мы éхали бы
вы éхали бы
они́ éхали бы

PARTIZIPIEN

P	**Präs. Aktiv**	éдущий
AP	**Präteritum**	éхав
P	**Prät. Aktiv**	éхавший

IMPERATIV

Езжáй! oder
Поезжáй!
Езжáйте! oder
Поезжáйте!

UNBESTIMMT

éздить → 60

Imperfektives Verb

жалéть

bedauern

INDIKATIV

Präsens		Präteritum		Futur / IMPF		
я	жалéю	я	жалéл / жалéла	я	бýду	жалéть
ты	жалéешь	ты	жалéл / жалéла	ты	бýдешь	жалéть
он	жалéет	он	жалéл	он	бýдет	жалéть
онá	жалéет	онá	жалéла	онá	бýдет	жалéть
онó	жалéет	онó	жалéло	онó	бýдет	жалéть
мы	жалéем	мы	жалéли	мы	бýдем	жалéть
вы	жалéете	вы	жалéли	вы	бýдете	жалéть
онí	жалéют	онí	жалéли	онí	бýдут	жалéть

KONJUNKTIV

я	жалéл / жалéла бы
ты	жалéл / жалéла бы
он	жалéл бы
онá	жалéла бы
онó	жалéло бы
мы	жалéли бы
вы	жалéли бы
онí	жалéли бы

PARTIZIPIEN

AP	**Präsens**	жалéя
P	**Präs. Aktiv**	жалéющий
P	**Präs. Passiv**	жалéемый
P	**Prät. Aktiv**	жалéвший

IMPERATIV

Жалéй!

Жалéйте!

PERFEKTIV

пожалéть

Imperfektives Verb

жáловаться

sich beschweren, klagen

INDIKATIV

Präsens		Präteritum		Futur / IMPF		
я	жáлуюсь	я	жáловался / жáловалась	я	бýду	жáловаться
ты	жáлуешься	ты	жáловался / жáловалась	ты	бýдешь	жáловаться
он	жáлуется	он	жáловался	он	бýдет	жáловаться
онá	жáлуется	онá	жáловалась	онá	бýдет	жáловаться
онó	жáлуется	онó	жáловалось	онó	бýдет	жáловаться
мы	жáлуемся	мы	жáловались	мы	бýдем	жáловаться
вы	жáлуетесь	вы	жáловались	вы	бýдете	жáловаться
онí	жáлуются	онí	жáловались	онí	бýдут	жáловаться

KONJUNKTIV

я	жáловался / жáловалась бы
ты	жáловался / жáловалась бы
он	жáловался бы
онá	жáловалась бы
онó	жáловалось бы
мы	жáловались бы
вы	жáловались бы
онí	жáловались бы

PARTIZIPIEN

AP	**Präsens**	жáлуясь
P	**Präs. Aktiv**	жáлующийся
P	**Prät. Aktiv**	жáловавшийся

IMPERATIV

Жáлуйся!

Жáлуйтесь!

PERFEKTIV

пожáловаться

жа́рить
braten

INDIKATIV

Präsens		Präteritum		Futur / IMPF		
я	жа́рю	я	жа́рил / жа́рила	я	бу́ду	жа́рить
ты	жа́ришь	ты	жа́рил / жа́рила	ты	бу́дешь	жа́рить
он	жа́рит	он	жа́рил	он	бу́дет	жа́рить
она́	жа́рит	она́	жа́рила	она́	бу́дет	жа́рить
оно́	жа́рит	оно́	жа́рило	оно́	бу́дет	жа́рить
мы	жа́рим	мы	жа́рили	мы	бу́дем	жа́рить
вы	жа́рите	вы	жа́рили	вы	бу́дете	жа́рить
они́	жа́рят	они́	жа́рили	они́	бу́дут	жа́рить

KONJUNKTIV

я	жа́рил / жа́рила бы
ты	жа́рил / жа́рила бы
он	жа́рил бы
она́	жа́рила бы
оно́	жа́рило бы
мы	жа́рили бы
вы	жа́рили бы
они́	жа́рили бы

PARTIZIPIEN

AP	**Präsens**	жа́ря
P	**Präs. Aktiv**	жа́рящий
P	**Prät. Aktiv**	жа́ривший
P	**Prät. Passiv**	жа́реный (adj)

IMPERATIV

Жарь!
Жа́рьте!

PERFEKTIV

поджа́рить

ждать
warten

INDIKATIV

Präsens		Präteritum		Futur / IMPF		
я	жду	я	ждал / ждала́	я	бу́ду	ждать
ты	ждёшь	ты	ждал / ждала́	ты	бу́дешь	ждать
он	ждёт	он	ждал	он	бу́дет	ждать
она́	ждёт	она́	ждала́	она́	бу́дет	ждать
оно́	ждёт	оно́	жда́ло	оно́	бу́дет	ждать
мы	ждём	мы	жда́ли	мы	бу́дем	ждать
вы	ждёте	вы	жда́ли	вы	бу́дете	ждать
они́	ждут	они́	жда́ли	они́	бу́дут	ждать

KONJUNKTIV

я	ждал / ждала́ бы
ты	ждал / ждала́ бы
он	ждал бы
она́	ждала́ бы
оно́	жда́ло бы
мы	жда́ли бы
вы	жда́ли бы
они́	жда́ли бы

PARTIZIPIEN

P	**Präs. Aktiv**	жду́щий
AP	**Präteritum**	ждав
P	**Prät. Aktiv**	жда́вший
P	**Prät. Passiv**	жда́нный

IMPERATIV

Жди!
Жди́те!

PERFEKTIV

—

Imperfektives Verb

жева́ть
kauen

INDIKATIV

Präsens		Präteritum		Futur / IMPF		
я	жую́	я	жева́л / жева́ла	я	бу́ду	жева́ть
ты	жуёшь	ты	жева́л / жева́ла	ты	бу́дешь	жева́ть
он	жуёт	он	жева́л	он	бу́дет	жева́ть
она́	жуёт	она́	жева́ла	она́	бу́дет	жева́ть
оно́	жуёт	оно́	жева́ло	оно́	бу́дет	жева́ть
мы	жуём	мы	жева́ли	мы	бу́дем	жева́ть
вы	жуёте	вы	жева́ли	вы	бу́дете	жева́ть
они́	жую́т	они́	жева́ли	они́	бу́дут	жева́ть

KONJUNKTIV

я	жева́л / жева́ла бы
ты	жева́л / жева́ла бы
он	жева́л бы
она́	жева́ла бы
оно́	жева́ло бы
мы	жева́ли бы
вы	жева́ли бы
они́	жева́ли бы

PARTIZIPIEN

AP	**Präsens**	жуя́
P	**Präs. Aktiv**	жу́ющий
AP	**Präteritum**	жева́в
P	**Prät. Aktiv**	жева́вший
P	**Prät. Passiv**	жёванный

IMPERATIV

Жуй!
Жу́йте!

PERFEKTIV

сжева́ть

Imperfektives Verb

жить
leben

INDIKATIV

Präsens		Präteritum		Futur / IMPF		
я	живу́	я	жил / жила́	я	бу́ду	жить
ты	живёшь	ты	жил / жила́	ты	бу́дешь	жить
он	живёт	он	жил	он	бу́дет	жить
она́	живёт	она́	жила́	она́	бу́дет	жить
оно́	живёт	оно́	жи́ло	оно́	бу́дет	жить
мы	живём	мы	жи́ли	мы	бу́дем	жить
вы	живёте	вы	жи́ли	вы	бу́дете	жить
они́	живу́т	они́	жи́ли	они́	бу́дут	жить

KONJUNKTIV

я	жил / жила́ бы
ты	жил / жила́ бы
он	жил бы
она́	жила́ бы
оно́	жи́ло бы
мы	жи́ли бы
вы	жи́ли бы
они́	жи́ли бы

PARTIZIPIEN

AP	**Präsens**	живя́
P	**Präs. Aktiv**	живу́щий
P	**Prät. Aktiv**	жи́вший

IMPERATIV

Живи́!
Живи́те!

PERFEKTIV

—

забы́ть

vergessen

INDIKATIV

Futur / PF		Präteritum	
я	забу́ду	я	забы́л / забы́ла
ты	забу́дешь	ты	забы́л / забы́ла
он	забу́дет	он	забы́л
она́	забу́дет	она́	забы́ла
оно́	забу́дет	оно́	забы́ло
мы	забу́дем	мы	забы́ли
вы	забу́дете	вы	забы́ли
они́	забу́дут	они́	забы́ли

KONJUNKTIV

я	забы́л / забы́ла	бы
ты	забы́л / забы́ла	бы
он	забы́л	бы
она́	забы́ла	бы
оно́	забы́ло	бы
мы	забы́ли	бы
вы	забы́ли	бы
они́	забы́ли	бы

PARTIZIPIEN

AP	**Präteritum**	забы́в
P	**Prät. Aktiv**	забы́вший
P	**Prät. Passiv**	забы́тый
Kurzformen		забы́т
		забы́та
		забы́то
		забы́ты

IMPERATIV

Забу́дь!
Забу́дьте!

IMPERFEKTIV

забыва́ть

зави́сеть

abhängen

INDIKATIV

Präsens		Präteritum		Futur / IMPF		
я	зави́шу	я	зави́сел / зави́села	я	бу́ду	зави́сеть
ты	зави́сишь	ты	зави́сел / зави́села	ты	бу́дешь	зави́сеть
он	зави́сит	он	зави́сел	он	бу́дет	зави́сеть
она́	зави́сит	она́	зави́села	она́	бу́дет	зави́сеть
оно́	зави́сит	оно́	зави́село	оно́	бу́дет	зави́сеть
мы	зави́сим	мы	зави́сели	мы	бу́дем	зави́сеть
вы	зави́сите	вы	зави́сели	вы	бу́дете	зави́сеть
они́	зави́сят	они́	зави́сели	они́	бу́дут	зави́сеть

KONJUNKTIV

я	зави́сел / зави́села	бы
ты	зави́сел / зави́села	бы
он	зави́сел	бы
она́	зави́села	бы
оно́	зави́село	бы
мы	зави́сели	бы
вы	зави́сели	бы
они́	зави́сели	бы

PARTIZIPIEN

AP	**Präsens**	зави́ся
P	**Präs. Aktiv**	зави́сящий
P	**Prät. Aktiv**	зави́севший

IMPERATIV

—
—

PERFEKTIV

—

Perfektives Verb

заказáть

bestellen

INDIKATIV

Futur / PF		Präteritum	
я	закажý	я	заказáл / заказáла
ты	закáжешь	ты	заказáл / заказáла
он	закáжет	он	заказáл
онá	закáжет	онá	заказáла
онó	закáжет	онó	заказáло
мы	закáжем	мы	заказáли
вы	закáжете	вы	заказáли
они́	закáжут	они́	заказáли

KONJUNKTIV

я	заказáл / заказáла бы
ты	заказáл / заказáла бы
он	заказáл бы
онá	заказáла бы
онó	заказáло бы
мы	заказáли бы
вы	заказáли бы
они́	заказáли бы

PARTIZIPIEN

AP Präteritum	заказáв
P Prät. Aktiv	заказáвший
P Prät. Passiv	закáзанный
Kurzformen	закáзан
	закáзана
	закáзано
	закáзаны

IMPERATIV

Закажи́!
Закажи́те!

IMPERFEKTIV

закáзывать

Perfektives Verb

закры́ть

schließen

INDIKATIV

Futur / PF		Präteritum	
я	закрóю	я	закры́л / закры́ла
ты	закрóешь	ты	закры́л / закры́ла
он	закрóет	он	закры́л
онá	закрóет	онá	закры́ла
онó	закрóет	онó	закры́ло
мы	закрóем	мы	закры́ли
вы	закрóете	вы	закры́ли
они́	закрóют	они́	закры́ли

KONJUNKTIV

я	закры́л / закры́ла бы
ты	закры́л / закры́ла бы
он	закры́л бы
онá	закры́ла бы
онó	закры́ло бы
мы	закры́ли бы
вы	закры́ли бы
они́	закры́ли бы

PARTIZIPIEN

AP Präteritum	закры́в
P Prät. Aktiv	закры́вший
P Prät. Passiv	закры́тый
Kurzformen	закры́т
	закры́та
	закры́то
	закры́ты

IMPERATIV

Закрóй!
Закрóйте!

IMPERFEKTIV

закрывáть

Perfektives Verb

защити́ть
(be)schützen

INDIKATIV

Futur / PF		**Präteritum**	
я	защищу́	я	защити́л / защити́ла
ты	защити́шь	ты	защити́л / защити́ла
он	защити́т	он	защити́л
она́	защити́т	она́	защити́ла
оно́	защити́т	оно́	защити́ло
мы	защити́м	мы	защити́ли
вы	защити́те	вы	защити́ли
они́	защитя́т	они́	защити́ли

KONJUNKTIV

я	защити́л / защити́ла бы
ты	защити́л / защити́ла бы
он	защити́л бы
она́	защити́ла бы
оно́	защити́ло бы
мы	защити́ли бы
вы	защити́ли бы
они́	защити́ли бы

PARTIZIPIEN

AP Präteritum	защити́в
P Prät. Aktiv	защити́вший
P Prät. Passiv	защищённый
Kurzformen	защищён
	защищена́
	защищено́
	защищены́

IMPERATIV

Защити́!
Защити́те!

IMPERFEKTIV

защища́ть

Imperfektives Verb

звать
rufen

INDIKATIV

Präsens		**Präteritum**		**Futur** / IMPF		
я	зову́	я	звал / звала́	я	бу́ду	звать
ты	зовёшь	ты	звал / звала́	ты	бу́дешь	звать
он	зовёт	он	звал	он	бу́дет	звать
она́	зовёт	она́	звала́	она́	бу́дет	звать
оно́	зовёт	оно́	зва́ло	оно́	бу́дет	звать
мы	зовём	мы	зва́ли	мы	бу́дем	звать
вы	зовёте	вы	зва́ли	вы	бу́дете	звать
они́	зову́т	они́	зва́ли	они́	бу́дут	звать

KONJUNKTIV

я	звал / звала́ бы
ты	звал / звала́ бы
он	звал бы
она́	звала́ бы
оно́	зва́ло бы
мы	зва́ли бы
вы	зва́ли бы
они́	зва́ли бы

PARTIZIPIEN

AP Präsens	зовя́
P Präs. Aktiv	зову́щий
P Prät. Aktiv	зва́вший
P Prät. Passiv	зва́нный
Kurzformen	зван
	звана́
	зва́но
	зва́ны

IMPERATIV

Зови́!
Зови́те!

PERFEKTIV

позва́ть

75 **звонить**

Imperfektives Verb

звони́ть

anrufen; läuten

INDIKATIV

Präsens		Präteritum		Futur / IMPF		
я	звоню́	я	звони́л / звони́ла	я	бу́ду	звони́ть
ты	звони́шь	ты	звони́л / звони́ла	ты	бу́дешь	звони́ть
он	звони́т	он	звони́л	он	бу́дет	звони́ть
она́	звони́т	она́	звони́ла	она́	бу́дет	звони́ть
оно́	звони́т	оно́	звони́ло	оно́	бу́дет	звони́ть
мы	звони́м	мы	звони́ли	мы	бу́дем	звони́ть
вы	звони́те	вы	звони́ли	вы	бу́дете	звони́ть
они́	звоня́т	они́	звони́ли	они́	бу́дут	звони́ть

KONJUNKTIV

я	звони́л / звони́ла бы
ты	звони́л / звони́ла бы
он	звони́л бы
она́	звони́ла бы
оно́	звони́ло бы
мы	звони́ли бы
вы	звони́ли бы
они́	звони́ли бы

PARTIZIPIEN

AP	**Präsens**	звоня́
P	**Präs. Aktiv**	звоня́щий
P	**Prät. Aktiv**	звони́вший

IMPERATIV

Звони́!
Звони́те!

PERFEKTIV

позвони́ть

76 **знать**

Imperfektives Verb

знать

kennen, wissen

INDIKATIV

Präsens		Präteritum		Futur / IMPF		
я	зна́ю	я	знал / зна́ла	я	бу́ду	знать
ты	зна́ешь	ты	знал / зна́ла	ты	бу́дешь	знать
он	зна́ет	он	знал	он	бу́дет	знать
она́	зна́ет	она́	зна́ла	она́	бу́дет	знать
оно́	зна́ет	оно́	зна́ло	оно́	бу́дет	знать
мы	зна́ем	мы	зна́ли	мы	бу́дем	знать
вы	зна́ете	вы	зна́ли	вы	бу́дете	знать
они́	зна́ют	они́	зна́ли	они́	бу́дут	знать

KONJUNKTIV

я	знал / зна́ла бы
ты	знал / зна́ла бы
он	знал бы
она́	зна́ла бы
оно́	зна́ло бы
мы	зна́ли бы
вы	зна́ли бы
они́	зна́ли бы

PARTIZIPIEN

AP	**Präsens**	зна́я
P	**Präs. Aktiv**	зна́ющий
P	**Präs. Passiv**	зна́емый
AP	**Präteritum**	знав
P	**Prät. Aktiv**	зна́вший

IMPERATIV

Знай!
Зна́йте!

PERFEKTIV

узна́ть

игра́ть
spielen

INDIKATIV

Präsens		Präteritum		Futur / IMPF		
я	игра́ю	я	игра́л / игра́ла	я	бу́ду	игра́ть
ты	игра́ешь	ты	игра́л / игра́ла	ты	бу́дешь	игра́ть
он	игра́ет	он	игра́л	он	бу́дет	игра́ть
она́	игра́ет	она́	игра́ла	она́	бу́дет	игра́ть
оно́	игра́ет	оно́	игра́ло	оно́	бу́дет	игра́ть
мы	игра́ем	мы	игра́ли	мы	бу́дем	игра́ть
вы	игра́ете	вы	игра́ли	вы	бу́дете	игра́ть
они́	игра́ют	они́	игра́ли	они́	бу́дут	игра́ть

KONJUNKTIV

я	игра́л / игра́ла	бы
ты	игра́л / игра́ла	бы
он	игра́л	бы
она́	игра́ла	бы
оно́	игра́ло	бы
мы	игра́ли	бы
вы	игра́ли	бы
они́	игра́ли	бы

PARTIZIPIEN

AP	**Präsens**	игра́я
P	**Präs. Aktiv**	игра́ющий
P	**Präs. Passiv**	игра́емый
AP	**Präteritum**	игра́в
P	**Prät. Aktiv**	игра́вший

IMPERATIV

Игра́й!
Игра́йте!

PERFEKTIV

сыгра́ть

идти́ BEST
gehen

INDIKATIV

Präsens		Präteritum		Futur / IMPF		
я	иду́	я	шёл / шла	я	бу́ду	идти́
ты	идёшь	ты	шёл / шла	ты	бу́дешь	идти́
он	идёт	он	шёл	он	бу́дет	идти́
она́	идёт	она́	шла	она́	бу́дет	идти́
оно́	идёт	оно́	шло	оно́	бу́дет	идти́
мы	идём	мы	шли	мы	бу́дем	идти́
вы	идёте	вы	шли	вы	бу́дете	идти́
они́	иду́т	они́	шли	они́	бу́дут	идти́

KONJUNKTIV

я	шёл / шла	бы
ты	шёл / шла	бы
он	шёл	бы
она́	шла	бы
оно́	шло	бы
мы	шли	бы
вы	шли	бы
они́	шли	бы

PARTIZIPIEN

AP	**Präsens**	идя́
P	**Präs. Aktiv**	иду́щий
P	**Prät. Aktiv**	ше́дший

IMPERATIV

Иди́!
Иди́те!

UNBESTIMMT

ходи́ть → 198

Imperfektives Verb

интересова́ться

sich interessieren

INDIKATIV

Präsens		Präteritum		Futur / IMPF		
я	интересу́юсь	я	интересова́лся / интересова́лась	я	бу́ду	интересова́ться
ты	интересу́ешься	ты	интересова́лся / интересова́лась	ты	бу́дешь	интересова́ться
он	интересу́ется	он	интересова́лся	он	бу́дет	интересова́ться
она́	интересу́ется	она́	интересова́лась	она́	бу́дет	интересова́ться
оно́	интересу́ется	оно́	интересова́лось	оно́	бу́дет	интересова́ться
мы	интересу́емся	мы	интересова́лись	мы	бу́дем	интересова́ться
вы	интересу́етесь	вы	интересова́лись	вы	бу́дете	интересова́ться
они́	интересу́ются	они́	интересова́лись	они́	бу́дут	интересова́ться

KONJUNKTIV

я	интересова́лся / -лась	бы
ты	интересова́лся / -лась	бы
он	интересова́лся	бы
она́	интересова́лась	бы
оно́	интересова́лось	бы
мы	интересова́лись	бы
вы	интересова́лись	бы
они́	интересова́лись	бы

PARTIZIPIEN

AP	**Präsens**	интересу́ясь
P	**Präs. Aktiv**	интересу́ющийся
P	**Prät. Aktiv**	интересова́вшийся

IMPERATIV

Интересу́йся!
Интересу́йтесь!

PERFEKTIV

поинтересо-ва́ться

Imperfektives Verb

иска́ть

suchen

INDIKATIV

Präsens		Präteritum		Futur / IMPF		
я	ищу́	я	иска́л / иска́ла	я	бу́ду	иска́ть
ты	и́щешь	ты	иска́л / иска́ла	ты	бу́дешь	иска́ть
он	и́щет	он	иска́л	он	бу́дет	иска́ть
она́	и́щет	она́	иска́ла	она́	бу́дет	иска́ть
оно́	и́щет	оно́	иска́ло	оно́	бу́дет	иска́ть
мы	и́щем	мы	иска́ли	мы	бу́дем	иска́ть
вы	и́щете	вы	иска́ли	вы	бу́дете	иска́ть
они́	и́щут	они́	иска́ли	они́	бу́дут	иска́ть

KONJUNKTIV

я	иска́л / иска́ла	бы
ты	иска́л / иска́ла	бы
он	иска́л	бы
она́	иска́ла	бы
оно́	иска́ло	бы
мы	иска́ли	бы
вы	иска́ли	бы
они́	иска́ли	бы

PARTIZIPIEN

AP	**Präsens**	ища́
P	**Präs. Aktiv**	и́щущий
P	**Präs. Passiv**	иско́мый
P	**Prät. Aktiv**	иска́вший

IMPERATIV

Ищи́!
Ищи́те!

PERFEKTIV

поиска́ть

исчéзнуть
verschwinden

INDIKATIV

Futur / PF

я	исчéзну
ты	исчéзнешь
он	исчéзнет
онá	исчéзнет
онó	исчéзнет
мы	исчéзнем
вы	исчéзнете
онú	исчéзнут

Präteritum

я	исчéз / исчéзла
ты	исчéз / исчéзла
он	исчéз
онá	исчéзла
онó	исчéзло
мы	исчéзли
вы	исчéзли
онú	исчéзли

KONJUNKTIV

я	исчéз / исчéзла бы
ты	исчéз / исчéзла бы
он	исчéз бы
онá	исчéзла бы
онó	исчéзло бы
мы	исчéзли бы
вы	исчéзли бы
онú	исчéзли бы

PARTIZIPIEN

AP	**Präteritum**	исчéзнув
P	**Prät. Aktiv**	исчéзнувший

IMPERATIV

Исчéзни!
Исчéзните!

IMPERFEKTIV

исчезáть

катúть BEST
wälzen, rollen

INDIKATIV

Präsens

я	качý
ты	кáтишь
он	кáтит
онá	кáтит
онó	кáтит
мы	кáтим
вы	кáтите
онú	кáтят

Präteritum

я	катúл / катúла
ты	катúл / катúла
он	катúл
онá	катúла
онó	катúло
мы	катúли
вы	катúли
онú	катúли

Futur / IMPF

я	бýду	катúть
ты	бýдешь	катúть
он	бýдет	катúть
онá	бýдет	катúть
онó	бýдет	катúть
мы	бýдем	катúть
вы	бýдете	катúть
онú	бýдут	катúть

KONJUNKTIV

я	катúл / катúла бы
ты	катúл / катúла бы
он	катúл бы
онá	катúла бы
онó	катúло бы
мы	катúли бы
вы	катúли бы
онú	катúли бы

PARTIZIPIEN

AP	**Präsens**	катя́
P	**Präs. Aktiv**	катя́щий
P	**Prät. Aktiv**	катúвший

IMPERATIV

Катú!
Катúте!

UNBESTIMMT

катáть

Imperfektives Verb

кипе́ть

kochen, sieden ITR

INDIKATIV

Präsens		Präteritum		Futur / IMPF		
я	киплю́	я	кипе́л / кипе́ла	я	бу́ду	кипе́ть
ты	кипи́шь	ты	кипе́л / кипе́ла	ты	бу́дешь	кипе́ть
он	кипи́т	он	кипе́л	он	бу́дет	кипе́ть
она́	кипи́т	она́	кипе́ла	она́	бу́дет	кипе́ть
оно́	кипи́т	оно́	кипе́ло	оно́	бу́дет	кипе́ть
мы	кипи́м	мы	кипе́ли	мы	бу́дем	кипе́ть
вы	кипи́те	вы	кипе́ли	вы	бу́дете	кипе́ть
они́	кипя́т	они́	кипе́ли	они́	бу́дут	кипе́ть

KONJUNKTIV

я	кипе́л / кипе́ла	бы
ты	кипе́л / кипе́ла	бы
он	кипе́л	бы
она́	кипе́ла	бы
оно́	кипе́ло	бы
мы	кипе́ли	бы
вы	кипе́ли	бы
они́	кипе́ли	бы

PARTIZIPIEN

AP	**Präsens**	кипя́
P	**Präs. Aktiv**	кипя́щий
P	**Prät. Aktiv**	кипе́вший

IMPERATIV

Кипи́!

Кипи́те!

PERFEKTIV

закипе́ть

вскипе́ть

Imperfektives Verb

кипяти́ть

(ab)kochen

INDIKATIV

Präsens		Präteritum		Futur / IMPF		
я	кипячу́	я	кипяти́л / кипяти́ла	я	бу́ду	кипяти́ть
ты	кипяти́шь	ты	кипяти́л / кипяти́ла	ты	бу́дешь	кипяти́ть
он	кипяти́т	он	кипяти́л	он	бу́дет	кипяти́ть
она́	кипяти́т	она́	кипяти́ла	она́	бу́дет	кипяти́ть
оно́	кипяти́т	оно́	кипяти́ло	оно́	бу́дет	кипяти́ть
мы	кипяти́м	мы	кипяти́ли	мы	бу́дем	кипяти́ть
вы	кипяти́те	вы	кипяти́ли	вы	бу́дете	кипяти́ть
они́	кипятя́т	они́	кипяти́ли	они́	бу́дут	кипяти́ть

KONJUNKTIV

я	кипяти́л / кипяти́ла	бы
ты	кипяти́л / кипяти́ла	бы
он	кипяти́л	бы
она́	кипяти́ла	бы
оно́	кипяти́ло	бы
мы	кипяти́ли	бы
вы	кипяти́ли	бы
они́	кипяти́ли	бы

PARTIZIPIEN

AP	**Präsens**	кипятя́
P	**Präs. Aktiv**	кипятя́щий
P	**Präs. Passiv**	кипяти́мый
P	**Prät. Aktiv**	кипяти́вший
P	**Prät. Passiv**	кипячёный (adj)
Kurzformen		кипячён
		кипячена́
		кипячено́
		кипячены́

IMPERATIV

Кипяти́!

Кипяти́те!

PERFEKTIV

вскипяти́ть

класть
legen

INDIKATIV

Präsens		Präteritum		Futur / IMPF		
я	кладу́	я	клал / кла́ла	я	бу́ду	класть
ты	кладёшь	ты	клал / кла́ла	ты	бу́дешь	класть
он	кладёт	он	клал	он	бу́дет	класть
она́	кладёт	она́	кла́ла	она́	бу́дет	класть
оно́	кладёт	оно́	кла́ло	оно́	бу́дет	класть
мы	кладём	мы	кла́ли	мы	бу́дем	класть
вы	кладёте	вы	кла́ли	вы	бу́дете	класть
они́	кладу́т	они́	кла́ли	они́	бу́дут	класть

KONJUNKTIV

я	клал / кла́ла	бы
ты	клал / кла́ла	бы
он	клал	бы
она́	кла́ла	бы
оно́	кла́ло	бы
мы	кла́ли	бы
вы	кла́ли	бы
они́	кла́ли	бы

PARTIZIPIEN

AP	**Präsens**	кладя́
P	**Präs. Aktiv**	кладу́щий
P	**Prät. Aktiv**	кла́вший

IMPERATIV

Клади́!
Клади́те!

PERFEKTIV

положи́ть
→ 142

клева́ть
picken

INDIKATIV

Präsens		Präteritum		Futur / IMPF		
я	клюю́	я	клева́л / клева́ла	я	бу́ду	клева́ть
ты	клюёшь	ты	клева́л / клева́ла	ты	бу́дешь	клева́ть
он	клюёт	он	клева́л	он	бу́дет	клева́ть
она́	клюёт	она́	клева́ла	она́	бу́дет	клева́ть
оно́	клюёт	оно́	клева́ло	оно́	бу́дет	клева́ть
мы	клюём	мы	клева́ли	мы	бу́дем	клева́ть
вы	клюёте	вы	клева́ли	вы	бу́дете	клева́ть
они́	клюю́т	они́	клева́ли	они́	бу́дут	клева́ть

KONJUNKTIV

я	клева́л / клева́ла	бы
ты	клева́л / клева́ла	бы
он	клева́л	бы
она́	клева́ла	бы
оно́	клева́ло	бы
мы	клева́ли	бы
вы	клева́ли	бы
они́	клева́ли	бы

PARTIZIPIEN

AP	**Präsens**	клюя́
P	**Präs. Aktiv**	клю́ющий
P	**Prät. Aktiv**	клева́вший

IMPERATIV

Клюй!
Клю́йте!

PERFEKTIV

клю́нуть

ковáть

schmieden

INDIKATIV

Präsens		Präteritum		Futur / IMPF		
я	кую́	я	ковáл / ковáла	я	бу́ду	ковáть
ты	куёшь	ты	ковáл / ковáла	ты	бу́дешь	ковáть
он	куёт	он	ковáл	он	бу́дет	ковáть
онá	куёт	онá	ковáла	онá	бу́дет	ковáть
онó	куёт	онó	ковáло	онó	бу́дет	ковáть
мы	куём	мы	ковáли	мы	бу́дем	ковáть
вы	куёте	вы	ковáли	вы	бу́дете	ковáть
они́	кую́т	они́	ковáли	они́	бу́дут	ковáть

KONJUNKTIV

я	ковáл / ковáла бы
ты	ковáл / ковáла бы
он	ковáл бы
онá	ковáла бы
онó	ковáло бы
мы	ковáли бы
вы	ковáли бы
они́	ковáли бы

PARTIZIPIEN

AP	**Präsens**	куя́
P	**Präs. Aktiv**	кую́щий
P	**Prät. Aktiv**	ковáвший
P	**Prät. Passiv**	кóваный (adj)

IMPERATIV

Куй!
Ку́йте!

PERFEKTIV

сковáть

колóть

1. stechen; 2. spalten

INDIKATIV

Präsens		Präteritum		Futur / IMPF		
я	колю́	я	колóл / колóла	я	бу́ду	колóть
ты	кóлешь	ты	колóл / колóла	ты	бу́дешь	колóть
он	кóлет	он	колóл	он	бу́дет	колóть
онá	кóлет	онá	колóла	онá	бу́дет	колóть
онó	кóлет	онó	колóло	онó	бу́дет	колóть
мы	кóлем	мы	колóли	мы	бу́дем	колóть
вы	кóлете	вы	колóли	вы	бу́дете	колóть
они́	кóлют	они́	колóли	они́	бу́дут	колóть

KONJUNKTIV

я	колóл / колóла бы
ты	колóл / колóла бы
он	колóл бы
онá	колóла бы
онó	колóло бы
мы	колóли бы
вы	колóли бы
они́	колóли бы

PARTIZIPIEN

AP	**Präsens**	коля́
P	**Präs. Aktiv**	кóлющий
P	**Prät. Aktiv**	колóвший
P	**Prät. Passiv**	кóлотый

IMPERATIV

Коли́!
Коли́те!

PERFEKTIV

1. кольну́ть
уколóть
2. расколóть

ко́нчить

aufhören, beenden

INDIKATIV

Futur / PF		Präteritum	
я	ко́нчу	я	ко́нчил / ко́нчила
ты	ко́нчишь	ты	ко́нчил / ко́нчила
он	ко́нчит	он	ко́нчил
она́	ко́нчит	она́	ко́нчила
оно́	ко́нчит	оно́	ко́нчило
мы	ко́нчим	мы	ко́нчили
вы	ко́нчите	вы	ко́нчили
они́	ко́нчат	они́	ко́нчили

KONJUNKTIV

я	ко́нчил / ко́нчила бы
ты	ко́нчил / ко́нчила бы
он	ко́нчил бы
она́	ко́нчила бы
оно́	ко́нчило бы
мы	ко́нчили бы
вы	ко́нчили бы
они́	ко́нчили бы

PARTIZIPIEN

AP	**Präteritum**	ко́нчив
P	**Prät. Aktiv**	ко́нчивший
P	**Prät. Passiv**	ко́нченый (adj)

IMPERATIV

Ко́нчи!
Ко́нчите!

IMPERFEKTIV

конча́ть

копа́ть

graben

INDIKATIV

Präsens		Präteritum		Futur / IMPF		
я	копа́ю	я	копа́л / копа́ла	я	бу́ду	копа́ть
ты	копа́ешь	ты	копа́л / копа́ла	ты	бу́дешь	копа́ть
он	копа́ет	он	копа́л	он	бу́дет	копа́ть
она́	копа́ет	она́	копа́ла	она́	бу́дет	копа́ть
оно́	копа́ет	оно́	копа́ло	оно́	бу́дет	копа́ть
мы	копа́ем	мы	копа́ли	мы	бу́дем	копа́ть
вы	копа́ете	вы	копа́ли	вы	бу́дете	копа́ть
они́	копа́ют	они́	копа́ли	они́	бу́дут	копа́ть

KONJUNKTIV

я	копа́л / копа́ла бы
ты	копа́л / копа́ла бы
он	копа́л бы
она́	копа́ла бы
оно́	копа́ло бы
мы	копа́ли бы
вы	копа́ли бы
они́	копа́ли бы

PARTIZIPIEN

AP	**Präsens**	копа́я
P	**Präs. Aktiv**	копа́ющий
P	**Präs. Passiv**	копа́емый
P	**Prät. Aktiv**	копа́вший

IMPERATIV

Копа́й!
Копа́йте!

PERFEKTIV

вы́копать

Imperfektives Verb

копи́ть

ansammeln

INDIKATIV

Präsens		Präteritum		Futur / IMPF		
я	коплю́	я	копи́л / копи́ла	я	бу́ду	копи́ть
ты	ко́пишь	ты	копи́л / копи́ла	ты	бу́дешь	копи́ть
он	ко́пит	он	копи́л	он	бу́дет	копи́ть
она́	ко́пит	она́	копи́ла	она́	бу́дет	копи́ть
оно́	ко́пит	оно́	копи́ло	оно́	бу́дет	копи́ть
мы	ко́пим	мы	копи́ли	мы	бу́дем	копи́ть
вы	ко́пите	вы	копи́ли	вы	бу́дете	копи́ть
они́	ко́пят	они́	копи́ли	они́	бу́дут	копи́ть

KONJUNKTIV

я копи́л / копи́ла бы
ты копи́л / копи́ла бы
он копи́л бы
она́ копи́ла бы
оно́ копи́ло бы
мы копи́ли бы
вы копи́ли бы
они́ копи́ли бы

PARTIZIPIEN

AP	**Präsens**	копя́
P	**Präs. Aktiv**	копя́щий
P	**Präs. Passiv**	копи́мый
P	**Prät. Aktiv**	копи́вший
P	**Prät. Passiv**	ко́пленный

IMPERATIV

Копи́!
Копи́те!

PERFEKTIV

накопи́ть
скопи́ть

Imperfektives Verb

красть

stehlen

INDIKATIV

Präsens		Präteritum		Futur / IMPF		
я	краду́	я	крал / кра́ла	я	бу́ду	красть
ты	крадёшь	ты	крал / кра́ла	ты	бу́дешь	красть
он	крадёт	он	крал	он	бу́дет	красть
она́	крадёт	она́	кра́ла	она́	бу́дет	красть
оно́	крадёт	оно́	кра́ло	оно́	бу́дет	красть
мы	крадём	мы	кра́ли	мы	бу́дем	красть
вы	крадёте	вы	кра́ли	вы	бу́дете	красть
они́	краду́т	они́	кра́ли	они́	бу́дут	красть

KONJUNKTIV

я крал / кра́ла бы
ты крал / кра́ла бы
он крал бы
она́ кра́ла бы
оно́ кра́ло бы
мы кра́ли бы
вы кра́ли бы
они́ кра́ли бы

PARTIZIPIEN

AP	**Präsens**	крадя́
P	**Präs. Aktiv**	краду́щий
P	**Prät. Aktiv**	кра́вший
P	**Prät. Passiv**	кра́деный (adj)

IMPERATIV

Кради́!
Кради́те!

PERFEKTIV

укра́сть

крича́ть
schreien, rufen

INDIKATIV

Präsens		Präteritum		Futur / IMPF		
я	кричу́	я	крича́л / крича́ла	я	бу́ду	крича́ть
ты	кричи́шь	ты	крича́л / крича́ла	ты	бу́дешь	крича́ть
он	кричи́т	он	крича́л	он	бу́дет	крича́ть
она́	кричи́т	она́	крича́ла	она́	бу́дет	крича́ть
оно́	кричи́т	оно́	крича́ло	оно́	бу́дет	крича́ть
мы	кричи́м	мы	крича́ли	мы	бу́дем	крича́ть
вы	кричи́те	вы	крича́ли	вы	бу́дете	крича́ть
они́	крича́т	они́	крича́ли	они́	бу́дут	крича́ть

KONJUNKTIV

я	крича́л / крича́ла бы
ты	крича́л / крича́ла бы
он	крича́л бы
она́	крича́ла бы
оно́	крича́ло бы
мы	крича́ли бы
вы	крича́ли бы
они́	крича́ли бы

PARTIZIPIEN

AP	**Präsens**	крича́
P	**Präs. Aktiv**	крича́щий
P	**Prät. Aktiv**	крича́вший

IMPERATIV

Кричи́!
Кричи́те!

PERFEKTIV

кри́кнуть

купи́ть
kaufen

INDIKATIV

Futur / PF		Präteritum	
я	куплю́	я	купи́л / купи́ла
ты	ку́пишь	ты	купи́л / купи́ла
он	ку́пит	он	купи́л
она́	ку́пит	она́	купи́ла
оно́	ку́пит	оно́	купи́ло
мы	ку́пим	мы	купи́ли
вы	ку́пите	вы	купи́ли
они́	ку́пят	они́	купи́ли

KONJUNKTIV

я	купи́л / купи́ла бы
ты	купи́л / купи́ла бы
он	купи́л бы
она́	купи́ла бы
оно́	купи́ло бы
мы	купи́ли бы
вы	купи́ли бы
они́	купи́ли бы

PARTIZIPIEN

AP	**Präteritum**	купи́в
P	**Prät. Aktiv**	купи́вший
P	**Prät. Passiv**	ку́пленный
Kurzformen		ку́плен
		ку́плена
		ку́плено
		ку́плены

IMPERATIV

Купи́!
Купи́те!

IMPERFEKTIV

покупа́ть

Imperfektives Verb

кури́ть

rauchen

INDIKATIV

Präsens		Präteritum		Futur / IMPF		
я	курю́	я	кури́л / кури́ла	я	бу́ду	кури́ть
ты	ку́ришь	ты	кури́л / кури́ла	ты	бу́дешь	кури́ть
он	ку́рит	он	кури́л	он	бу́дет	кури́ть
она́	ку́рит	она́	кури́ла	она́	бу́дет	кури́ть
оно́	ку́рит	оно́	кури́ло	оно́	бу́дет	кури́ть
мы	ку́рим	мы	кури́ли	мы	бу́дем	кури́ть
вы	ку́рите	вы	кури́ли	вы	бу́дете	кури́ть
они́	ку́рят	они́	кури́ли	они́	бу́дут	кури́ть

KONJUNKTIV

я	кури́л / кури́ла	бы
ты	кури́л / кури́ла	бы
он	кури́л	бы
она́	кури́ла	бы
оно́	кури́ло	бы
мы	кури́ли	бы
вы	кури́ли	бы
они́	кури́ли	бы

PARTIZIPIEN

AP	**Präsens**	куря́
P	**Präs. Aktiv**	куря́щий
P	**Prät. Aktiv**	кури́вший

IMPERATIV

Кури́!

Кури́те!

PERFEKTIV

покури́ть

Imperfektives Verb

куса́ть

beißen, stechen

INDIKATIV

Präsens		Präteritum		Futur / IMPF		
я	куса́ю	я	куса́л / куса́ла	я	бу́ду	куса́ть
ты	куса́ешь	ты	куса́л / куса́ла	ты	бу́дешь	куса́ть
он	куса́ет	он	куса́л	он	бу́дет	куса́ть
она́	куса́ет	она́	куса́ла	она́	бу́дет	куса́ть
оно́	куса́ет	оно́	куса́ло	оно́	бу́дет	куса́ть
мы	куса́ем	мы	куса́ли	мы	бу́дем	куса́ть
вы	куса́ете	вы	куса́ли	вы	бу́дете	куса́ть
они́	куса́ют	они́	куса́ли	они́	бу́дут	куса́ть

KONJUNKTIV

я	куса́л / куса́ла	бы
ты	куса́л / куса́ла	бы
он	куса́л	бы
она́	куса́ла	бы
оно́	куса́ло	бы
мы	куса́ли	бы
вы	куса́ли	бы
они́	куса́ли	бы

PARTIZIPIEN

AP	**Präsens**	куса́я
P	**Präs. Aktiv**	куса́ющий
P	**Prät. Aktiv**	куса́вший

IMPERATIV

Куса́й!

Куса́йте!

PERFEKTIV

укуси́ть

лáзить UNBEST
klettern

INDIKATIV

Präsens		Präteritum		Futur / IMPF		
я	лáжу	я	лáзил / лáзила	я	бýду	лáзить
ты	лáзишь	ты	лáзил / лáзила	ты	бýдешь	лáзить
он	лáзит	он	лáзил	он	бýдет	лáзить
онá	лáзит	онá	лáзила	онá	бýдет	лáзить
онó	лáзит	онó	лáзило	онó	бýдет	лáзить
мы	лáзим	мы	лáзили	мы	бýдем	лáзить
вы	лáзите	вы	лáзили	вы	бýдете	лáзить
они́	лáзят	они́	лáзили	они́	бýдут	лáзить

KONJUNKTIV

я	лáзил / лáзила бы
ты	лáзил / лáзила бы
он	лáзил бы
онá	лáзила бы
онó	лáзило бы
мы	лáзили бы
вы	лáзили бы
они́	лáзили бы

PARTIZIPIEN

AP	Präsens	лáзя
P	Präs. Aktiv	лáзящий
P	Prät. Aktiv	лáзивший

IMPERATIV

Лазь!
Лáзьте!

BESTIMMT

лезть → 100

лгать
lügen

INDIKATIV

Präsens		Präteritum		Futur / IMPF		
я	лгу	я	лгал / лгалá	я	бýду	лгать
ты	лжёшь	ты	лгал / лгалá	ты	бýдешь	лгать
он	лжёт	он	лгал	он	бýдет	лгать
онá	лжёт	онá	лгалá	онá	бýдет	лгать
онó	лжёт	онó	лгáло	онó	бýдет	лгать
мы	лжём	мы	лгáли	мы	бýдем	лгать
вы	лжёте	вы	лгáли	вы	бýдете	лгать
они́	лгут	они́	лгáли	они́	бýдут	лгать

KONJUNKTIV

я	лгал / лгалá бы
ты	лгал / лгалá бы
он	лгал бы
онá	лгалá бы
онó	лгáло бы
мы	лгáли бы
вы	лгáли бы
они́	лгáли бы

PARTIZIPIEN

P	Präs. Aktiv	лгýщий
P	Prät. Aktiv	лгáвший

IMPERATIV

Лги!
Лги́те!

PERFEKTIV

солгáть

Imperfektives Verb

лежáть

liegen

INDIKATIV

Präsens		Präteritum		Futur / IMPF		
я	лежý	я	лежáл / лежáла	я	бýду	лежáть
ты	лежи́шь	ты	лежáл / лежáла	ты	бýдешь	лежáть
он	лежи́т	он	лежáл	он	бýдет	лежáть
онá	лежи́т	онá	лежáла	онá	бýдет	лежáть
онó	лежи́т	онó	лежáло	онó	бýдет	лежáть
мы	лежи́м	мы	лежáли	мы	бýдем	лежáть
вы	лежи́те	вы	лежáли	вы	бýдете	лежáть
они́	лежáт	они́	лежáли	они́	бýдут	лежáть

KONJUNKTIV

я	лежáл / лежáла бы
ты	лежáл / лежáла бы
он	лежáл бы
онá	лежáла бы
онó	лежáло бы
мы	лежáли бы
вы	лежáли бы
они́	лежáли бы

PARTIZIPIEN

AP	**Präsens**	лёжа
P	**Präs. Aktiv**	лежáщий
P	**Prät. Passiv**	лежáвший

IMPERATIV

Лежи́!
Лежи́те!

PERFEKTIV

—

Imperfektives Verb

лезть BEST

klettern

INDIKATIV

Präsens		Präteritum		Futur / IMPF		
я	лéзу	я	лез / лéзла	я	бýду	лезть
ты	лéзешь	ты	лез / лéзла	ты	бýдешь	лезть
он	лéзет	он	лез	он	бýдет	лезть
онá	лéзет	онá	лéзла	онá	бýдет	лезть
онó	лéзет	онó	лéзло	онó	бýдет	лезть
мы	лéзем	мы	лéзли	мы	бýдем	лезть
вы	лéзете	вы	лéзли	вы	бýдете	лезть
они́	лéзут	они́	лéзли	они́	бýдут	лезть

KONJUNKTIV

я	лез / лéзла бы
ты	лез / лéзла бы
он	лез бы
онá	лéзла бы
онó	лéзло бы
мы	лéзли бы
вы	лéзли бы
они́	лéзли бы

PARTIZIPIEN

P	**Präs. Aktiv**	лéзущий
P	**Prät. Aktiv**	лéзший

IMPERATIV

Лезь!
Лéзьте!

UNBESTIMMT

лáзить → 97

лени́ться
faulenzen

INDIKATIV

Präsens		Präteritum		Futur / IMPF		
я	леню́сь	я	лени́лся / лени́лась	я	бу́ду	лени́ться
ты	ле́нишься	ты	лени́лся / лени́лась	ты	бу́дешь	лени́ться
он	ле́нится	он	лени́лся	он	бу́дет	лени́ться
она́	ле́нится	она́	лени́лась	она́	бу́дет	лени́ться
оно́	ле́нится	оно́	лени́лось	оно́	бу́дет	лени́ться
мы	ле́нимся	мы	лени́лись	мы	бу́дем	лени́ться
вы	ле́нитесь	вы	лени́лись	вы	бу́дете	лени́ться
они́	ле́нятся	они́	лени́лись	они́	бу́дут	лени́ться

KONJUNKTIV

я	лени́лся / лени́лась	бы
ты	лени́лся / лени́лась	бы
он	лени́лся	бы
она́	лени́лась	бы
оно́	лени́лось	бы
мы	лени́лись	бы
вы	лени́лись	бы
они́	лени́лись	бы

PARTIZIPIEN

AP	**Präsens**	леня́сь
P	**Präs. Aktiv**	леня́щийся
P	**Prät. Aktiv**	лени́вшийся

IMPERATIV

Лени́сь!
Лени́тесь!

PERFEKTIV

полени́ться

лета́ть UNBEST
fliegen

INDIKATIV

Präsens		Präteritum		Futur / IMPF		
я	лета́ю	я	лета́л / лета́ла	я	бу́ду	лета́ть
ты	лета́ешь	ты	лета́л / лета́ла	ты	бу́дешь	лета́ть
он	лета́ет	он	лета́л	он	бу́дет	лета́ть
она́	лета́ет	она́	лета́ла	она́	бу́дет	лета́ть
оно́	лета́ет	оно́	лета́ло	оно́	бу́дет	лета́ть
мы	лета́ем	мы	лета́ли	мы	бу́дем	лета́ть
вы	лета́ете	вы	лета́ли	вы	бу́дете	лета́ть
они́	лета́ют	они́	лета́ли	они́	бу́дут	лета́ть

KONJUNKTIV

я	лета́л / лета́ла	бы
ты	лета́л / лета́ла	бы
он	лета́л	бы
она́	лета́ла	бы
оно́	лета́ло	бы
мы	лета́ли	бы
вы	лета́ли	бы
они́	лета́ли	бы

PARTIZIPIEN

AP	**Präsens**	лета́я
P	**Präs. Aktiv**	лета́ющий
P	**Prät. Aktiv**	лета́вший

IMPERATIV

Лета́й!
Лета́йте!

BESTIMMT

лете́ть → 103

Imperfektives Verb

летéть BEST
fliegen

INDIKATIV

Präsens		Präteritum		Futur / IMPF		
я	лечý	я	летéл / летéла	я	бýду	летéть
ты	летúшь	ты	летéл / летéла	ты	бýдешь	летéть
он	летúт	он	летéл	он	бýдет	летéть
онá	летúт	онá	летéла	онá	бýдет	летéть
онó	летúт	онó	летéло	онó	бýдет	летéть
мы	летúм	мы	летéли	мы	бýдем	летéть
вы	летúте	вы	летéли	вы	бýдете	летéть
онú	летя́т	онú	летéли	онú	бýдут	летéть

KONJUNKTIV

я	летéл / летéла	бы
ты	летéл / летéла	бы
он	летéл	бы
онá	летéла	бы
онó	летéло	бы
мы	летéли	бы
вы	летéли	бы
онú	летéли	бы

PARTIZIPIEN

AP	**Präsens**	летя́
P	**Präs. Aktiv**	летя́щий
P	**Prät. Aktiv**	летéвший

IMPERATIV

Летú!
Летúте!

UNBESTIMMT

летáть → 102

Imperfektives Verb

лечúть
(ärztlich) behandeln

INDIKATIV

Präsens		Präteritum		Futur / IMPF		
я	лечý	я	лечúл / лечúла	я	бýду	лечúть
ты	лéчишь	ты	лечúл / лечúла	ты	бýдешь	лечúть
он	лéчит	он	лечúл	он	бýдет	лечúть
онá	лéчит	онá	лечúла	онá	бýдет	лечúть
онó	лéчит	онó	лечúло	онó	бýдет	лечúть
мы	лéчим	мы	лечúли	мы	бýдем	лечúть
вы	лéчите	вы	лечúли	вы	бýдете	лечúть
онú	лéчат	онú	лечúли	онú	бýдут	лечúть

KONJUNKTIV

я	лечúл / лечúла	бы
ты	лечúл / лечúла	бы
он	лечúл	бы
онá	лечúла	бы
онó	лечúло	бы
мы	лечúли	бы
вы	лечúли	бы
онú	лечúли	бы

PARTIZIPIEN

AP	**Präsens**	лечá
P	**Präs. Aktiv**	лéчащий
P	**Präs. Passiv**	лечúмый
P	**Prät. Aktiv**	лечúвший

IMPERATIV

Лечú!
Лечúте!

PERFEKTIV

вы́лечить

лечь
sich hinlegen

INDIKATIV

Futur / PF		Präteritum	
я	ля́гу	я	лёг / легла́
ты	ля́жешь	ты	лёг / легла́
он	ля́жет	он	лёг
она́	ля́жет	она́	легла́
оно́	ля́жет	оно́	легло́
мы	ля́жем	мы	легли́
вы	ля́жете	вы	легли́
они́	ля́гут	они́	легли́

KONJUNKTIV

я	лёг / легла́	бы
ты	лёг / легла́	бы
он	лёг	бы
она́	легла́	бы
оно́	легло́	бы
мы	легли́	бы
вы	легли́	бы
они́	легли́	бы

PARTIZIPIEN

AP	Präteritum	лёгши
P	Prät. Aktiv	лёгший

IMPERATIV

Ляг!
Ля́гте!

IMPERFEKTIV

ложи́ться → 107

лить
gießen

INDIKATIV

Präsens		Präteritum		Futur / IMPF		
я	лью	я	лил / лила́	я	бу́ду	лить
ты	льёшь	ты	лил / лила́	ты	бу́дешь	лить
он	льёт	он	лил	он	бу́дет	лить
она́	льёт	она́	лила́	она́	бу́дет	лить
оно́	льёт	оно́	ли́ло	оно́	бу́дет	лить
мы	льём	мы	ли́ли	мы	бу́дем	лить
вы	льёте	вы	ли́ли	вы	бу́дете	лить
они́	льют	они́	ли́ли	они́	бу́дут	лить

KONJUNKTIV

я	лил / лила́	бы
ты	лил / лила́	бы
он	лил	бы
она́	лила́	бы
оно́	ли́ло	бы
мы	ли́ли	бы
вы	ли́ли	бы
они́	ли́ли	бы

PARTIZIPIEN

P	Präs. Aktiv	лью́щий
AP	Präteritum	лив
P	Prät. Aktiv	ли́вший
P	Prät. Passiv	ли́тый
Kurzformen		лит
		лита́
		ли́то
		ли́ты

IMPERATIV

Лей!
Ле́йте!

PERFEKTIV

слить → 166
вы́лить

107

ложиться

Imperfektives Verb

ложи́ться
sich hinlegen

INDIKATIV

Präsens		Präteritum		Futur / IMPF		
я	ложу́сь	я	ложи́лся / ложи́лась	я	бу́ду	ложи́ться
ты	ложи́шься	ты	ложи́лся / ложи́лась	ты	бу́дешь	ложи́ться
он	ложи́тся	он	ложи́лся	он	бу́дет	ложи́ться
она́	ложи́тся	она́	ложи́лась	она́	бу́дет	ложи́ться
оно́	ложи́тся	оно́	ложи́лось	оно́	бу́дет	ложи́ться
мы	ложи́мся	мы	ложи́лись	мы	бу́дем	ложи́ться
вы	ложи́тесь	вы	ложи́лись	вы	бу́дете	ложи́ться
они́	ложа́тся	они́	ложи́лись	они́	бу́дут	ложи́ться

KONJUNKTIV

я ложи́лся / ложи́лась бы
ты ложи́лся / ложи́лась бы
он ложи́лся бы
она́ ложи́лась бы
оно́ ложи́лось бы
мы ложи́лись бы
вы ложи́лись бы
они́ ложи́лись бы

PARTIZIPIEN

AP Präsens ложа́сь
P Präs. Aktiv ложа́щийся
P Prät. Aktiv ложи́вшийся

IMPERATIV

Ложи́сь!
Ложи́тесь!

PERFEKTIV

лечь → 105

108

любить

Imperfektives Verb

люби́ть
lieben

INDIKATIV

Präsens		Präteritum		Futur / IMPF		
я	люблю́	я	люби́л / люби́ла	я	бу́ду	люби́ть
ты	лю́бишь	ты	люби́л / люби́ла	ты	бу́дешь	люби́ть
он	лю́бит	он	люби́л	он	бу́дет	люби́ть
она́	лю́бит	она́	люби́ла	она́	бу́дет	люби́ть
оно́	лю́бит	оно́	люби́ло	оно́	бу́дет	люби́ть
мы	лю́бим	мы	люби́ли	мы	бу́дем	люби́ть
вы	лю́бите	вы	люби́ли	вы	бу́дете	люби́ть
они́	лю́бят	они́	люби́ли	они́	бу́дут	люби́ть

KONJUNKTIV

я люби́л / люби́ла бы
ты люби́л / люби́ла бы
он люби́л бы
она́ люби́ла бы
оно́ люби́ло бы
мы люби́ли бы
вы люби́ли бы
они́ люби́ли бы

PARTIZIPIEN

AP Präsens любя́
P Präs. Aktiv лю́бящий
P Prät. Aktiv люби́вший
P Prät. Passiv люби́мый

IMPERATIV

Люби́!
Люби́те!

PERFEKTIV

полюби́ть

мáзать

(be)streichen, (be)schmieren

INDIKATIV

Präsens		Präteritum		Futur / IMPF		
я	мáжу	я	мáзал / мáзала	я	бýду	мáзать
ты	мáжешь	ты	мáзал / мáзала	ты	бýдешь	мáзать
он	мáжет	он	мáзал	он	бýдет	мáзать
онá	мáжет	онá	мáзала	онá	бýдет	мáзать
онó	мáжет	онó	мáзало	онó	бýдет	мáзать
мы	мáжем	мы	мáзали	мы	бýдем	мáзать
вы	мáжете	вы	мáзали	вы	бýдете	мáзать
они́	мáжут	они́	мáзали	они́	бýдут	мáзать

KONJUNKTIV

я	мáзал / мáзала	бы
ты	мáзал / мáзала	бы
он	мáзал	бы
онá	мáзала	бы
онó	мáзало	бы
мы	мáзали	бы
вы	мáзали	бы
они́	мáзали	бы

PARTIZIPIEN

P	**Präs. Aktiv**	мáжущий
AP	**Präteritum**	мáзав
P	**Prät. Aktiv**	мáзавший

IMPERATIV

Мажь!
Мáжьте!

PERFEKTIV

намáзать
помáзать
мазнýть

махáть

winken

INDIKATIV

Präsens		Präteritum		Futur / IMPF		
я	машý	я	махáл / махáла	я	бýду	махáть
ты	мáшешь	ты	махáл / махáла	ты	бýдешь	махáть
он	мáшет	он	махáл	он	бýдет	махáть
онá	мáшет	онá	махáла	онá	бýдет	махáть
онó	мáшет	онó	махáло	онó	бýдет	махáть
мы	мáшем	мы	махáли	мы	бýдем	махáть
вы	мáшете	вы	махáли	вы	бýдете	махáть
они́	мáшут	они́	махáли	они́	бýдут	махáть

KONJUNKTIV

я	махáл / махáла	бы
ты	махáл / махáла	бы
он	махáл	бы
онá	махáла	бы
онó	махáло	бы
мы	махáли	бы
вы	махáли	бы
они́	махáли	бы

PARTIZIPIEN

AP	**Präsens**	машá
P	**Präs. Aktiv**	мáшущий
P	**Prät. Aktiv**	махáвший

IMPERATIV

Маши́!
Маши́те!

PERFEKTIV

помахáть
махнýть

Imperfektives Verb

меня́ть

tauschen, wechseln

INDIKATIV

Präsens		Präteritum		Futur / IMPF		
я	меня́ю	я	меня́л / меня́ла	я	бу́ду	меня́ть
ты	меня́ешь	ты	меня́л / меня́ла	ты	бу́дешь	меня́ть
он	меня́ет	он	меня́л	он	бу́дет	меня́ть
она́	меня́ет	она́	меня́ла	она́	бу́дет	меня́ть
оно́	меня́ет	оно́	меня́ло	оно́	бу́дет	меня́ть
мы	меня́ем	мы	меня́ли	мы	бу́дем	меня́ть
вы	меня́ете	вы	меня́ли	вы	бу́дете	меня́ть
они́	меня́ют	они́	меня́ли	они́	бу́дут	меня́ть

KONJUNKTIV

я	меня́л / меня́ла	бы
ты	меня́л / меня́ла	бы
он	меня́л	бы
она́	меня́ла	бы
оно́	меня́ло	бы
мы	меня́ли	бы
вы	меня́ли	бы
они́	меня́ли	бы

PARTIZIPIEN

AP	**Präsens**	меня́я
P	**Präs. Aktiv**	меня́ющий
P	**Präs. Passiv**	меня́емый
P	**Prät. Aktiv**	меня́вший
P	**Prät. Passiv**	ме́нянный

IMPERATIV

Меня́й!

Меня́йте!

PERFEKTIV

поменя́ть

Imperfektives Verb

мести́

fegen

INDIKATIV

Präsens		Präteritum		Futur / IMPF		
я	мету́	я	мёл / мела́	я	бу́ду	мести́
ты	метёшь	ты	мёл / мела́	ты	бу́дешь	мести́
он	метёт	он	мёл	он	бу́дет	мести́
она́	метёт	она́	мела́	она́	бу́дет	мести́
оно́	метёт	оно́	мело́	оно́	бу́дет	мести́
мы	метём	мы	мели́	мы	бу́дем	мести́
вы	метёте	вы	мели́	вы	бу́дете	мести́
они́	мету́т	они́	мели́	они́	бу́дут	мести́

KONJUNKTIV

я	мёл / мела́	бы
ты	мёл / мела́	бы
он	мёл	бы
она́	мела́	бы
оно́	мело́	бы
мы	мели́	бы
вы	мели́	бы
они́	мели́	бы

PARTIZIPIEN

AP	**Präsens**	метя́
P	**Präs. Aktiv**	мету́щий
P	**Prät. Aktiv**	мётший
P	**Prät. Passiv**	метённый
Kurzformen		метён
		метена́
		метено́
		метены́

IMPERATIV

Мети́!

Мети́те!

PERFEKTIV

подмести́

молча́ть
schweigen

INDIKATIV

Präsens		Präteritum		Futur / IMPF		
я	молчу́	я	молча́л / молча́ла	я	бу́ду	молча́ть
ты	молчи́шь	ты	молча́л / молча́ла	ты	бу́дешь	молча́ть
он	молчи́т	он	молча́л	он	бу́дет	молча́ть
она́	молчи́т	она́	молча́ла	она́	бу́дет	молча́ть
оно́	молчи́т	оно́	молча́ло	оно́	бу́дет	молча́ть
мы	молчи́м	мы	молча́ли	мы	бу́дем	молча́ть
вы	молчи́те	вы	молча́ли	вы	бу́дете	молча́ть
они́	молча́т	они́	молча́ли	они́	бу́дут	молча́ть

KONJUNKTIV

я	молча́л / молча́ла бы
ты	молча́л / молча́ла бы
он	молча́л бы
она́	молча́ла бы
оно́	молча́ло бы
мы	молча́ли бы
вы	молча́ли бы
они́	молча́ли бы

PARTIZIPIEN

AP	Präsens	молча́
P	Präs. Aktiv	молча́щий
P	Prät. Aktiv	молча́вший

IMPERATIV

Молчи́!
Молчи́те!

PERFEKTIV

замолча́ть

мочь
können

INDIKATIV

Präsens		Präteritum		Futur / IMPF
я	могу́	я	мог / могла́	—
ты	мо́жешь	ты	мог / могла́	—
он	мо́жет	он	мог	—
она́	мо́жет	она́	могла́	—
оно́	мо́жет	оно́	могло́	—
мы	мо́жем	мы	могли́	—
вы	мо́жете	вы	могли́	—
они́	мо́гут	они́	могли́	—

KONJUNKTIV

я	мог / могла́ бы
ты	мог / могла́ бы
он	мог бы
она́	могла́ бы
оно́	могло́ бы
мы	могли́ бы
вы	могли́ бы
они́	могли́ бы

PARTIZIPIEN

P	Präs. Aktiv	могу́щий
P	Prät. Aktiv	мо́гший

IMPERATIV

—
—

PERFEKTIV

смочь

Imperfektives Verb

мыть

waschen

INDIKATIV

Präsens		Präteritum		Futur / IMPF		
я	мо́ю	я	мыл / мы́ла	я	бу́ду	мыть
ты	мо́ешь	ты	мыл / мы́ла	ты	бу́дешь	мыть
он	мо́ет	он	мыл	он	бу́дет	мыть
она́	мо́ет	она́	мы́ла	она́	бу́дет	мыть
оно́	мо́ет	оно́	мы́ло	оно́	бу́дет	мыть
мы	мо́ем	мы	мы́ли	мы	бу́дем	мыть
вы	мо́ете	вы	мы́ли	вы	бу́дете	мыть
они́	мо́ют	они́	мы́ли	они́	бу́дут	мыть

KONJUNKTIV

я	мыл / мы́ла бы
ты	мыл / мы́ла бы
он	мыл бы
она́	мы́ла бы
оно́	мы́ло бы
мы	мы́ли бы
вы	мы́ли бы
они́	мы́ли бы

PARTIZIPIEN

AP	**Präsens**	мо́я
P	**Präs. Aktiv**	мо́ющий
P	**Prät. Aktiv**	мы́вший
P	**Prät. Passiv**	мы́тый

IMPERATIV

Мой!

Мо́йте!

PERFEKTIV

вы́мыть

помы́ть

Imperfektives Verb

наде́яться

hoffen

INDIKATIV

Präsens		Präteritum		Futur / IMPF		
я	наде́юсь	я	наде́ялся / наде́ялась	я	бу́ду	наде́яться
ты	наде́ешься	ты	наде́ялся / наде́ялась	ты	бу́дешь	наде́яться
он	наде́ется	он	наде́ялся	он	бу́дет	наде́яться
она́	наде́ется	она́	наде́ялась	она́	бу́дет	наде́яться
оно́	наде́ется	оно́	наде́ялось	оно́	бу́дет	наде́яться
мы	наде́емся	мы	наде́ялись	мы	бу́дем	наде́яться
вы	наде́етесь	вы	наде́ялись	вы	бу́дете	наде́яться
они́	наде́ются	они́	наде́ялись	они́	бу́дут	наде́яться

KONJUNKTIV

я	наде́ялся / наде́ялась бы
ты	наде́ялся / наде́ялась бы
он	наде́ялся бы
она́	наде́ялась бы
оно́	наде́ялось бы
мы	наде́ялись бы
вы	наде́ялись бы
они́	наде́ялись бы

PARTIZIPIEN

AP	**Präsens**	наде́ясь
P	**Präs. Aktiv**	наде́ющийся
P	**Prät. Aktiv**	наде́явшийся

IMPERATIV

Наде́йся!

Наде́йтесь!

PERFEKTIV

понаде́яться

найти́
finden

INDIKATIV

Futur / PF

я	найду́
ты	найдёшь
он	найдёт
она́	найдёт
оно́	найдёт
мы	найдём
вы	найдёте
они́	найду́т

Präteritum

я	нашёл / нашла́
ты	нашёл / нашла́
он	нашёл
она́	нашла́
оно́	нашло́
мы	нашли́
вы	нашли́
они́	нашли́

KONJUNKTIV

я	нашёл / нашла́ бы
ты	нашёл / нашла́ бы
он	нашёл бы
она́	нашла́ бы
оно́	нашло́ бы
мы	нашли́ бы
вы	нашли́ бы
они́	нашли́ бы

PARTIZIPIEN

AP	Präteritum	найдя́
P	Prät. Aktiv	наше́дший
P	Prät. Passiv	на́йденный
Kurzformen		на́йден
		на́йдена
		на́йдено
		на́йдены

IMPERATIV

Найди́!
Найди́те!

IMPERFEKTIV

находи́ть
→ 118

находи́ть
finden

INDIKATIV

Präsens

я	нахожу́
ты	нахо́дишь
он	нахо́дит
она́	нахо́дит
оно́	нахо́дит
мы	нахо́дим
вы	нахо́дите
они́	нахо́дят

Präteritum

я	находи́л / находи́ла
ты	находи́л / находи́ла
он	находи́л
она́	находи́ла
оно́	находи́ло
мы	находи́ли
вы	находи́ли
они́	находи́ли

Futur / IMPF

я	бу́ду	находи́ть
ты	бу́дешь	находи́ть
он	бу́дет	находи́ть
она́	бу́дет	находи́ть
оно́	бу́дет	находи́ть
мы	бу́дем	находи́ть
вы	бу́дете	находи́ть
они́	бу́дут	находи́ть

KONJUNKTIV

я	находи́л / находи́ла бы
ты	находи́л / находи́ла бы
он	находи́л бы
она́	находи́ла бы
оно́	находи́ло бы
мы	находи́ли бы
вы	находи́ли бы
они́	находи́ли бы

PARTIZIPIEN

AP	Präsens	находя́
P	Präs. Aktiv	находя́щий
P	Prät. Aktiv	находи́вший

IMPERATIV

Находи́!
Находи́те!

PERFEKTIV

найти́ → 117

Perfektives Verb

начáть

anfangen

INDIKATIV

Futur / PF		Präteritum	
я	начнý	я	нáчал / началá
ты	начнёшь	ты	нáчал / началá
он	начнёт	он	нáчал
онá	начнёт	онá	началá
онó	начнёт	онó	нáчало
мы	начнём	мы	нáчали
вы	начнёте	вы	нáчали
они́	начнýт	они́	нáчали

KONJUNKTIV

я	нáчал / началá	бы
ты	нáчал / началá	бы
он	нáчал	бы
онá	началá	бы
онó	нáчало	бы
мы	нáчали	бы
вы	нáчали	бы
они́	нáчали	бы

PARTIZIPIEN

AP	**Präteritum**	начáв
P	**Prät. Aktiv**	начáвший
P	**Prät. Passiv**	нáчатый
Kurzformen		нáчат
		начатá
		нáчато
		нáчаты

IMPERATIV

Начни́!
Начни́те!

IMPERFEKTIV

начинáть

Imperfektives Verb

нести́ BEST

tragen, bringen

INDIKATIV

Präsens		Präteritum		Futur / IMPF		
я	несý	я	нёс / неслá	я	бýду	нести́
ты	несёшь	ты	нёс / неслá	ты	бýдешь	нести́
он	несёт	он	нёс	он	бýдет	нести́
онá	несёт	онá	неслá	онá	бýдет	нести́
онó	несёт	онó	неслó	онó	бýдет	нести́
мы	несём	мы	несли́	мы	бýдем	нести́
вы	несёте	вы	несли́	вы	бýдете	нести́
они́	несýт	они́	несли́	они́	бýдут	нести́

KONJUNKTIV

я	нёс / неслá	бы
ты	нёс / неслá	бы
он	нёс	бы
онá	неслá	бы
онó	неслó	бы
мы	несли́	бы
вы	несли́	бы
они́	несли́	бы

PARTIZIPIEN

AP	**Präsens**	неся́
P	**Präs. Aktiv**	несýщий
P	**Prät. Aktiv**	нёсший
P	**Prät. Passiv**	несóмый

IMPERATIV

Неси́!
Неси́те!

UNBESTIMMT

носи́ть → 121

носи́ть UNBEST
tragen, bringen

INDIKATIV

Präsens		Präteritum		Futur / IMPF		
я	ношу́	я	носи́л / носи́ла	я	бу́ду	носи́ть
ты	но́сишь	ты	носи́л / носи́ла	ты	бу́дешь	носи́ть
он	но́сит	он	носи́л	он	бу́дет	носи́ть
она́	но́сит	она́	носи́ла	она́	бу́дет	носи́ть
оно́	но́сит	оно́	носи́ло	оно́	бу́дет	носи́ть
мы	но́сим	мы	носи́ли	мы	бу́дем	носи́ть
вы	но́сите	вы	носи́ли	вы	бу́дете	носи́ть
они́	но́сят	они́	носи́ли	они́	бу́дут	носи́ть

KONJUNKTIV

я	носи́л / носи́ла бы
ты	носи́л / носи́ла бы
он	носи́л бы
она́	носи́ла бы
оно́	носи́ло бы
мы	носи́ли бы
вы	носи́ли бы
они́	носи́ли бы

PARTIZIPIEN

AP	**Präsens**	нося́
P	**Präs. Aktiv**	нося́щий
P	**Präs. Passiv**	носи́мый
AP	**Präteritum**	носи́в
P	**Prät. Aktiv**	носи́вший
P	**Prät. Passiv**	но́шеный (adj)

IMPERATIV

Носи́!
Носи́те!

BESTIMMT

нести́ → **120**

обману́ть
betrügen

INDIKATIV

Futur / PF		Präteritum	
я	обману́	я	обману́л / обману́ла
ты	обма́нешь	ты	обману́л / обману́ла
он	обма́нет	он	обману́л
она́	обма́нет	она́	обману́ла
оно́	обма́нет	оно́	обману́ло
мы	обма́нем	мы	обману́ли
вы	обма́нете	вы	обману́ли
они́	обма́нут	они́	обману́ли

KONJUNKTIV

я	обману́л / обману́ла бы
ты	обману́л / обману́ла бы
он	обману́л бы
она́	обману́ла бы
оно́	обману́ло бы
мы	обману́ли бы
вы	обману́ли бы
они́	обману́ли бы

PARTIZIPIEN

AP	**Präteritum**	обману́в
P	**Prät. Aktiv**	обману́вший
P	**Prät. Passiv**	обма́нутый
Kurzformen		обма́нут
		обма́нута
		обма́нуто
		обма́нуты

IMPERATIV

Обмани́!
Обмани́те!

IMPERFEKTIV

обма́нывать

Imperfektives Verb

орáть

schreien, brüllen

INDIKATIV

Präsens		Präteritum		Futur / IMPF		
я	орý	я	орáл / орáла	я	бýду	орáть
ты	орёшь	ты	орáл / орáла	ты	бýдешь	орáть
он	орёт	он	орáл	он	бýдет	орáть
онá	орёт	онá	орáла	онá	бýдет	орáть
онó	орёт	онó	орáло	онó	бýдет	орáть
мы	орём	мы	орáли	мы	бýдем	орáть
вы	орёте	вы	орáли	вы	бýдете	орáть
они́	орýт	они́	орáли	они́	бýдут	орáть

KONJUNKTIV

я	орáл / орáла	бы
ты	орáл / орáла	бы
он	орáл	бы
онá	орáла	бы
онó	орáло	бы
мы	орáли	бы
вы	орáли	бы
они́	орáли	бы

PARTIZIPIEN

P	**Präs. Aktiv**	орýщий
P	**Prät. Aktiv**	орáвший

IMPERATIV

Ори́!
Ори́те!

PERFEKTIV

наорáть

Perfektives Verb

отдохнýть

sich erholen, ausruhen

INDIKATIV

Futur / PF		Präteritum	
я	отдохнý	я	отдохнýл / отдохнýла
ты	отдохнёшь	ты	отдохнýл / отдохнýла
он	отдохнёт	он	отдохнýл
онá	отдохнёт	онá	отдохнýла
онó	отдохнёт	онó	отдохнýло
мы	отдохнём	мы	отдохнýли
вы	отдохнёте	вы	отдохнýли
они́	отдохнýт	они́	отдохнýли

KONJUNKTIV

я	отдохнýл / отдохнýла	бы
ты	отдохнýл / отдохнýла	бы
он	отдохнýл	бы
онá	отдохнýла	бы
онó	отдохнýло	бы
мы	отдохнýли	бы
вы	отдохнýли	бы
они́	отдохнýли	бы

PARTIZIPIEN

AP	**Präteritum**	отдохнýв
P	**Prät. Aktiv**	отдохнýвший

IMPERATIV

Отдохни́!
Отдохни́те!

IMPERFEKTIV

отдыхáть

откры́ть
öffnen

INDIKATIV

Futur / PF		Präteritum	
я	откро́ю	я	откры́л / откры́ла
ты	откро́ешь	ты	откры́л / откры́ла
он	откро́ет	он	откры́л
она́	откро́ет	она́	откры́ла
оно́	откро́ет	оно́	откры́ло
мы	откро́ем	мы	откры́ли
вы	откро́ете	вы	откры́ли
они́	откро́ют	они́	откры́ли

KONJUNKTIV

я	откры́л / откры́ла бы
ты	откры́л / откры́ла бы
он	откры́л бы
она́	откры́ла бы
оно́	откры́ло бы
мы	откры́ли бы
вы	откры́ли бы
они́	откры́ли бы

PARTIZIPIEN

AP Präteritum	откры́в
P Prät. Aktiv	откры́вший
P Prät. Passiv	откры́тый
Kurzformen	откры́т
	откры́та
	откры́то
	откры́ты

IMPERATIV

Откро́й!
Откро́йте!

IMPERFEKTIV

открыва́ть

па́хнуть
duften, riechen (nach)

INDIKATIV

Präsens		Präteritum		Futur / IMPF		
я	па́хну	я	пах oder па́хнул / па́хла	я	бу́ду	па́хнуть
ты	па́хнешь	ты	пах oder па́хнул / па́хла	ты	бу́дешь	па́хнуть
он	па́хнет	он	пах oder па́хнул	он	бу́дет	па́хнуть
она́	па́хнет	она́	па́хла	она́	бу́дет	па́хнуть
оно́	па́хнет	оно́	па́хло	оно́	бу́дет	па́хнуть
мы	па́хнем	мы	па́хли	мы	бу́дем	па́хнуть
вы	па́хнете	вы	па́хли	вы	бу́дете	па́хнуть
они́	па́хнут	они́	па́хли	они́	бу́дут	па́хнуть

KONJUNKTIV

я	пах oder па́хнул / па́хла бы
ты	пах oder па́хнул / па́хла бы
он	пах oder па́хнул бы
она́	па́хла бы
оно́	па́хло бы
мы	па́хли бы
вы	па́хли бы
они́	па́хли бы

PARTIZIPIEN

P Präs. Aktiv	па́хнущий
AP Präteritum	па́хнув
P Prät. Aktiv	па́хнувший
	oder па́хший

IMPERATIV

—
—

PERFEKTIV

запа́хнуть

Imperfektives Verb

петь
singen

INDIKATIV

Präsens		Präteritum		Futur / IMPF		
я	пою́	я	пел / пéла	я	бýду	петь
ты	поёшь	ты	пел / пéла	ты	бýдешь	петь
он	поёт	он	пел	он	бýдет	петь
онá	поёт	онá	пéла	онá	бýдет	петь
онó	поёт	онó	пéло	онó	бýдет	петь
мы	поём	мы	пéли	мы	бýдем	петь
вы	поёте	вы	пéли	вы	бýдете	петь
они́	пою́т	они́	пéли	они́	бýдут	петь

KONJUNKTIV

я	пел / пéла	бы
ты	пел / пéла	бы
он	пел	бы
онá	пéла	бы
онó	пéло	бы
мы	пéли	бы
вы	пéли	бы
они́	пéли	бы

PARTIZIPIEN

P	**Präs. Aktiv**	пою́щий
P	**Prät. Aktiv**	пéвший

IMPERATIV

Пой!
Пóйте!

PERFEKTIV

спеть

Imperfektives Verb

печь
backen

INDIKATIV

Präsens		Präteritum		Futur / IMPF		
я	пекý	я	пёк / пеклá	я	бýду	печь
ты	печёшь	ты	пёк / пеклá	ты	бýдешь	печь
он	печёт	он	пёк	он	бýдет	печь
онá	печёт	онá	пеклá	онá	бýдет	печь
онó	печёт	онó	пеклó	онó	бýдет	печь
мы	печём	мы	пекли́	мы	бýдем	печь
вы	печёте	вы	пекли́	вы	бýдете	печь
они́	пекýт	они́	пекли́	они́	бýдут	печь

KONJUNKTIV

я	пёк / пеклá	бы
ты	пёк / пеклá	бы
он	пёк	бы
онá	пеклá	бы
онó	пеклó	бы
мы	пекли́	бы
вы	пекли́	бы
они́	пекли́	бы

PARTIZIPIEN

AP	**Präsens**	пёкши
P	**Präs. Aktiv**	пекýщий
P	**Prät. Aktiv**	пёкший
P	**Prät. Passiv**	печёный (adj)

IMPERATIV

Пеки́!
Пеки́те!

PERFEKTIV

испéчь

пи́сать
pinkeln

INDIKATIV

Präsens		Präteritum		Futur / IMPF		
я	пи́саю	я	пи́сал / пи́сала	я	бу́ду	пи́сать
ты	пи́саешь	ты	пи́сал / пи́сала	ты	бу́дешь	пи́сать
он	пи́сает	он	пи́сал	он	бу́дет	пи́сать
она́	пи́сает	она́	пи́сала	она́	бу́дет	пи́сать
оно́	пи́сает	оно́	пи́сало	оно́	бу́дет	пи́сать
мы	пи́саем	мы	пи́сали	мы	бу́дем	пи́сать
вы	пи́саете	вы	пи́сали	вы	бу́дете	пи́сать
они́	пи́сают	они́	пи́сали	они́	бу́дут	пи́сать

KONJUNKTIV

я	пи́сал / пи́сала бы
ты	пи́сал / пи́сала бы
он	пи́сал бы
она́	пи́сала бы
оно́	пи́сало бы
мы	пи́сали бы
вы	пи́сали бы
они́	пи́сали бы

PARTIZIPIEN

AP	**Präsens**	пи́сая
P	**Präs. Aktiv**	пи́сающий
P	**Prät. Aktiv**	пи́савший

IMPERATIV

Пи́сай!
Пи́сайте!

PERFEKTIV

попи́сать

писа́ть
schreiben

INDIKATIV

Präsens		Präteritum		Futur / IMPF		
я	пишу́	я	писа́л / писа́ла	я	бу́ду	писа́ть
ты	пи́шешь	ты	писа́л / писа́ла	ты	бу́дешь	писа́ть
он	пи́шет	он	писа́л	он	бу́дет	писа́ть
она́	пи́шет	она́	писа́ла	она́	бу́дет	писа́ть
оно́	пи́шет	оно́	писа́ло	оно́	бу́дет	писа́ть
мы	пи́шем	мы	писа́ли	мы	бу́дем	писа́ть
вы	пи́шете	вы	писа́ли	вы	бу́дете	писа́ть
они́	пи́шут	они́	писа́ли	они́	бу́дут	писа́ть

KONJUNKTIV

я	писа́л / писа́ла бы
ты	писа́л / писа́ла бы
он	писа́л бы
она́	писа́ла бы
оно́	писа́ло бы
мы	писа́ли бы
вы	писа́ли бы
они́	писа́ли бы

PARTIZIPIEN

AP	**Präsens**	пиша́ (umg)
P	**Präs. Aktiv**	пи́шущий
P	**Prät. Aktiv**	писа́вший
P	**Prät. Passiv**	пи́санный

IMPERATIV

Пиши́!
Пиши́те!

PERFEKTIV

написа́ть

Imperfektives Verb

пить

trinken

INDIKATIV

Präsens		Präteritum		Futur / IMPF		
я	пью	я	пил / пилá	я	бýду	пить
ты	пьёшь	ты	пил / пилá	ты	бýдешь	пить
он	пьёт	он	пил	он	бýдет	пить
онá	пьёт	онá	пилá	онá	бýдет	пить
онó	пьёт	онó	пúло	онó	бýдет	пить
мы	пьём	мы	пúли	мы	бýдем	пить
вы	пьёте	вы	пúли	вы	бýдете	пить
онú	пьют	онú	пúли	онú	бýдут	пить

KONJUNKTIV

я	пил / пилá	бы
ты	пил / пилá	бы
он	пил	бы
онá	пилá	бы
онó	пúло	бы
мы	пúли	бы
вы	пúли	бы
онú	пúли	бы

PARTIZIPIEN

P	**Präs. Aktiv**	пьющий
AP	**Präteritum**	пив
P	**Prät. Aktiv**	пúвший

IMPERATIV

Пей!
Пéйте!

PERFEKTIV

вы́пить

Imperfektives Verb

плáвать UNBEST

schwimmen

INDIKATIV

Präsens		Präteritum		Futur / IMPF		
я	плáваю	я	плáвал / плáвала	я	бýду	плáвать
ты	плáваешь	ты	плáвал / плáвала	ты	бýдешь	плáвать
он	плáвает	он	плáвал	он	бýдет	плáвать
онá	плáвает	онá	плáвала	онá	бýдет	плáвать
онó	плáвает	онó	плáвало	онó	бýдет	плáвать
мы	плáваем	мы	плáвали	мы	бýдем	плáвать
вы	плáваете	вы	плáвали	вы	бýдете	плáвать
онú	плáвают	онú	плáвали	онú	бýдут	плáвать

KONJUNKTIV

я	плáвал / плáвала	бы
ты	плáвал / плáвала	бы
он	плáвал	бы
онá	плáвала	бы
онó	плáвало	бы
мы	плáвали	бы
вы	плáвали	бы
онú	плáвали	бы

PARTIZIPIEN

AP	**Präsens**	плáвая
P	**Präs. Aktiv**	плáвающий
P	**Prät. Aktiv**	плáвавший

IMPERATIV

Плáвай!
Плáвайте!

BESTIMMT

плыть → 136

пла́кать
weinen

INDIKATIV

Präsens		Präteritum		Futur / IMPF		
я	пла́чу	я	пла́кал / пла́кала	я	бу́ду	пла́кать
ты	пла́чешь	ты	пла́кал / пла́кала	ты	бу́дешь	пла́кать
он	пла́чет	он	пла́кал	он	бу́дет	пла́кать
она́	пла́чет	она́	пла́кала	она́	бу́дет	пла́кать
оно́	пла́чет	оно́	пла́кало	оно́	бу́дет	пла́кать
мы	пла́чем	мы	пла́кали	мы	бу́дем	пла́кать
вы	пла́чете	вы	пла́кали	вы	бу́дете	пла́кать
они́	пла́чут	они́	пла́кали	они́	бу́дут	пла́кать

KONJUNKTIV

я	пла́кал / пла́кала	бы
ты	пла́кал / пла́кала	бы
он	пла́кал	бы
она́	пла́кала	бы
оно́	пла́кало	бы
мы	пла́кали	бы
вы	пла́кали	бы
они́	пла́кали	бы

PARTIZIPIEN

AP	**Präsens**	пла́ча
P	**Präs. Aktiv**	пла́чущий
P	**Prät. Aktiv**	пла́кавший

IMPERATIV

Пла́чь!
Пла́чьте!

PERFEKTIV

запла́кать

плати́ть
zahlen

INDIKATIV

Präsens		Präteritum		Futur / IMPF		
я	плачу́	я	плати́л / плати́ла	я	бу́ду	плати́ть
ты	пла́тишь	ты	плати́л / плати́ла	ты	бу́дешь	плати́ть
он	пла́тит	он	плати́л	он	бу́дет	плати́ть
она́	пла́тит	она́	плати́ла	она́	бу́дет	плати́ть
оно́	пла́тит	оно́	плати́ло	оно́	бу́дет	плати́ть
мы	пла́тим	мы	плати́ли	мы	бу́дем	плати́ть
вы	пла́тите	вы	плати́ли	вы	бу́дете	плати́ть
они́	пла́тят	они́	плати́ли	они́	бу́дут	плати́ть

KONJUNKTIV

я	плати́л / плати́ла	бы
ты	плати́л / плати́ла	бы
он	плати́л	бы
она́	плати́ла	бы
оно́	плати́ло	бы
мы	плати́ли	бы
вы	плати́ли	бы
они́	плати́ли	бы

PARTIZIPIEN

AP	**Präsens**	платя́
P	**Präs. Aktiv**	платя́щий
P	**Prät. Aktiv**	плати́вший
P	**Prät. Passiv**	пла́ченный

IMPERATIV

Плати́!
Плати́те!

PERFEKTIV

заплати́ть

Imperfektives Verb

плева́ть

spucken

INDIKATIV

Präsens		Präteritum		Futur / IMPF		
я	плюю́	я	плева́л / плева́ла	я	бу́ду	плева́ть
ты	плюёшь	ты	плева́л / плева́ла	ты	бу́дешь	плева́ть
он	плюёт	он	плева́л	он	бу́дет	плева́ть
она́	плюёт	она́	плева́ла	она́	бу́дет	плева́ть
оно́	плюёт	оно́	плева́ло	оно́	бу́дет	плева́ть
мы	плюём	мы	плева́ли	мы	бу́дем	плева́ть
вы	плюёте	вы	плева́ли	вы	бу́дете	плева́ть
они́	плюю́т	они́	плева́ли	они́	бу́дут	плева́ть

KONJUNKTIV

я	плева́л / плева́ла бы
ты	плева́л / плева́ла бы
он	плева́л бы
она́	плева́ла бы
оно́	плева́ло бы
мы	плева́ли бы
вы	плева́ли бы
они́	плева́ли бы

PARTIZIPIEN

AP	**Präsens**	плюя́
P	**Präs. Aktiv**	плюю́щий
P	**Prät. Aktiv**	плева́вший

IMPERATIV

Плюй!

Плю́йте!

PERFEKTIV

плю́нуть

Imperfektives Verb

плыть BEST

schwimmen

INDIKATIV

Präsens		Präteritum		Futur / IMPF		
я	плыву́	я	плыл / плыла́	я	бу́ду	плыть
ты	плывёшь	ты	плыл / плыла́	ты	бу́дешь	плыть
он	плывёт	он	плыл	он	бу́дет	плыть
она́	плывёт	она́	плыла́	она́	бу́дет	плыть
оно́	плывёт	оно́	плы́ло	оно́	бу́дет	плыть
мы	плывём	мы	плы́ли	мы	бу́дем	плыть
вы	плывёте	вы	плы́ли	вы	бу́дете	плыть
они́	плыву́т	они́	плы́ли	они́	бу́дут	плыть

KONJUNKTIV

я	плыл / плыла́ бы
ты	плыл / плыла́ бы
он	плыл бы
она́	плыла́ бы
оно́	плы́ло бы
мы	плы́ли бы
вы	плы́ли бы
они́	плы́ли бы

PARTIZIPIEN

AP	**Präsens**	плывя́
P	**Präs. Aktiv**	плыву́щий
P	**Prät. Aktiv**	плы́вший

IMPERATIV

Плыви́!

Плыви́те!

UNBESTIMMT

пла́вать → 132

плясáть

tanzen

INDIKATIV

Präsens		Präteritum		Futur / IMPF		
я	пляшý	я	плясáл / плясáла	я	бýду	плясáть
ты	пля́шешь	ты	плясáл / плясáла	ты	бýдешь	плясáть
он	пля́шет	он	плясáл	он	бýдет	плясáть
онá	пля́шет	онá	плясáла	онá	бýдет	плясáть
онó	пля́шет	онó	плясáло	онó	бýдет	плясáть
мы	пля́шем	мы	плясáли	мы	бýдем	плясáть
вы	пля́шете	вы	плясáли	вы	бýдете	плясáть
они́	пля́шут	они́	плясáли	они́	бýдут	плясáть

KONJUNKTIV

я плясáл / плясáла бы
ты плясáл / плясáла бы
он плясáл бы
онá плясáла бы
онó плясáло бы
мы плясáли бы
вы плясáли бы
они́ плясáли бы

PARTIZIPIEN

P	**Präs. Aktiv**	пля́шущий
AP	**Präteritum**	плясáв
P	**Prät. Aktiv**	плясáвший

IMPERATIV

Пляши́!
Пляши́те!

PERFEKTIV

сплясáть

повтори́ть

wiederholen

INDIKATIV

Futur / PF		Präteritum	
я	повторю́	я	повтори́л / повтори́ла
ты	повтори́шь	ты	повтори́л / повтори́ла
он	повтори́т	он	повтори́л
онá	повтори́т	онá	повтори́ла
онó	повтори́т	онó	повтори́ло
мы	повтори́м	мы	повтори́ли
вы	повтори́те	вы	повтори́ли
они́	повторя́т	они́	повтори́ли

KONJUNKTIV

я повтори́л / повтори́ла бы
ты повтори́л / повтори́ла бы
он повтори́л бы
онá повтори́ла бы
онó повтори́ло бы
мы повтори́ли бы
вы повтори́ли бы
они́ повтори́ли бы

PARTIZIPIEN

AP	**Präteritum**	повтори́в
P	**Prät. Aktiv**	повтори́вший
P	**Prät. Passiv**	повторённый
Kurzformen		повторён
		повторенá
		повторенó
		повторены́

IMPERATIV

Повтори́!
Повтори́те!

IMPERFEKTIV

повторя́ть

Perfektives Verb

поднять
heben

INDIKATIV

Futur / PF		**Präteritum**	
я	подниму́	я	подня́л / подняла́
ты	подни́мешь	ты	подня́л / подняла́
он	подни́мет	он	подня́л
она́	подни́мет	она́	подняла́
оно́	подни́мет	оно́	подня́ло
мы	подни́мем	мы	подня́ли
вы	подни́мете	вы	подня́ли
они́	подни́мут	они́	подня́ли

KONJUNKTIV

я	подня́л / подняла́ бы
ты	подня́л / подняла́ бы
он	подня́л бы
она́	подняла́ бы
оно́	подня́ло бы
мы	подня́ли бы
вы	подня́ли бы
они́	подня́ли бы

PARTIZIPIEN

AP Präteritum	подня́в
P Prät. Aktiv	подня́вший
P Prät. Passiv	по́днятый
Kurzformen	по́днят
	поднята́
	по́днято
	по́дняты

IMPERATIV

Подними́!
Подними́те!

IMPERFEKTIV

поднима́ть

Imperfektives Verb

по́лзать UNBEST
kriechen

INDIKATIV

Präsens		**Präteritum**		**Futur** / IMPF		
я	по́лзаю	я	по́лзал / по́лзала	я	бу́ду	по́лзать
ты	по́лзаешь	ты	по́лзал / по́лзала	ты	бу́дешь	по́лзать
он	по́лзает	он	по́лзал	он	бу́дет	по́лзать
она́	по́лзает	она́	по́лзала	она́	бу́дет	по́лзать
оно́	по́лзает	оно́	по́лзало	оно́	бу́дет	по́лзать
мы	по́лзаем	мы	по́лзали	мы	бу́дем	по́лзать
вы	по́лзаете	вы	по́лзали	вы	бу́дете	по́лзать
они́	по́лзают	они́	по́лзали	они́	бу́дут	по́лзать

KONJUNKTIV

я	по́лзал / по́лзала бы
ты	по́лзал / по́лзала бы
он	по́лзал бы
она́	по́лзала бы
оно́	по́лзало бы
мы	по́лзали бы
вы	по́лзали бы
они́	по́лзали бы

PARTIZIPIEN

AP Präsens	по́лзая
P Präs. Aktiv	по́лзающий
P Prät. Aktiv	по́лзавший

IMPERATIV

По́лзай!
По́лзайте!

BESTIMMT

ползти́ → 141

Imperfektives Verb

ползти́ BEST
kriechen

INDIKATIV

Präsens		Präteritum		Futur / IMPF		
я	ползу́	я	полз / ползла́	я	бу́ду	ползти́
ты	ползёшь	ты	полз / ползла́	ты	бу́дешь	ползти́
он	ползёт	он	полз	он	бу́дет	ползти́
она́	ползёт	она́	ползла́	она́	бу́дет	ползти́
оно́	ползёт	оно́	ползло́	оно́	бу́дет	ползти́
мы	ползём	мы	ползли́	мы	бу́дем	ползти́
вы	ползёте	вы	ползли́	вы	бу́дете	ползти́
они́	ползу́т	они́	ползли́	они́	бу́дут	ползти́

KONJUNKTIV

я	полз / ползла́ бы
ты	полз / ползла́ бы
он	полз бы
она́	ползла́ бы
оно́	ползло́ бы
мы	ползли́ бы
вы	ползли́ бы
они́	ползли́ бы

PARTIZIPIEN

AP	**Präsens**	ползя́
P	**Präs. Aktiv**	ползу́щий
P	**Prät. Aktiv**	по́лзший

IMPERATIV

Ползи́!
Ползи́те!

UNBESTIMMT

по́лзать → 140

Perfektives Verb

положи́ть
legen

INDIKATIV

Futur / PF		Präteritum	
я	положу́	я	положи́л / положи́ла
ты	поло́жишь	ты	положи́л
он	поло́жит	он	положи́л
она́	поло́жит	она́	положи́ла
оно́	поло́жит	оно́	положи́ло
мы	поло́жим	мы	положи́ли
вы	поло́жите	вы	положи́ли
они́	поло́жат	они́	положи́ли

KONJUNKTIV

я	положи́л / положи́ла бы
ты	положи́л / положи́ла бы
он	положи́л бы
она́	положи́ла бы
оно́	положи́ло бы
мы	положи́ли бы
вы	положи́ли бы
они́	положи́ли бы

PARTIZIPIEN

AP	**Präteritum**	положи́в
P	**Prät. Aktiv**	положи́вший
P	**Prät. Passiv**	поло́женный
Kurzformen		поло́жен
		поло́жена
		поло́жено
		поло́жены

IMPERATIV

Положи́!
Положи́те!

IMPERFEKTIV

класть → 85

Perfektives Verb

получи́ть
bekommen

INDIKATIV

Futur / PF		Präteritum	
я	получу́	я	получи́л / получи́ла
ты	полу́чишь	ты	получи́л / получи́ла
он	полу́чит	он	получи́л
она́	полу́чит	она́	получи́ла
оно́	полу́чит	оно́	получи́ло
мы	полу́чим	мы	получи́ли
вы	полу́чите	вы	получи́ли
они́	полу́чат	они́	получи́ли

KONJUNKTIV

я	получи́л / получи́ла бы
ты	получи́л / получи́ла бы
он	получи́л бы
она́	получи́ла бы
оно́	получи́ло бы
мы	получи́ли бы
вы	получи́ли бы
они́	получи́ли бы

PARTIZIPIEN

AP	**Präteritum**	получи́в
P	**Prät. Aktiv**	получи́вший
P	**Prät. Passiv**	полу́ченный
Kurzformen		полу́чен
		полу́чена
		полу́чено
		полу́чены

IMPERATIV

Получи́!
Получи́те!

IMPERFEKTIV

получа́ть

Imperfektives Verb

по́льзоваться
verwenden

INDIKATIV

Präsens		Präteritum		Futur / IMPF		
я	по́льзуюсь	я	по́льзовался / по́льзовалась	я	бу́ду	по́льзоваться
ты	по́льзуешься	ты	по́льзовался / по́льзовалась	ты	бу́дешь	по́льзоваться
он	по́льзуется	он	по́льзовался	он	бу́дет	по́льзоваться
она́	по́льзуется	она́	по́льзовалась	она́	бу́дет	по́льзоваться
оно́	по́льзуется	оно́	по́льзовалось	оно́	бу́дет	по́льзоваться
мы	по́льзуемся	мы	по́льзовались	мы	бу́дем	по́льзоваться
вы	по́льзуетесь	вы	по́льзовались	вы	бу́дете	по́льзоваться
они́	по́льзуются	они́	по́льзовались	они́	бу́дут	по́льзоваться

KONJUNKTIV

я	по́льзовался / по́льзовалась бы
ты	по́льзовался / по́льзовалась бы
он	по́льзовался бы
она́	по́льзовалась бы
оно́	по́льзовалось бы
мы	по́льзовались бы
вы	по́льзовались бы
они́	по́льзовались бы

PARTIZIPIEN

AP	**Präsens**	по́льзуясь
P	**Präs. Aktiv**	по́льзующийся
P	**Prät. Aktiv**	по́льзовавшийся

IMPERATIV

По́льзуйся!
По́льзуйтесь!

PERFEKTIV

**воспо́льзо-
ваться**

помогáть
helfen

INDIKATIV

Präsens		Präteritum		Futur / IMPF		
я	помогáю	я	помогáл / помогáла	я	бýду	помогáть
ты	помогáешь	ты	помогáл / помогáла	ты	бýдешь	помогáть
он	помогáет	он	помогáл	он	бýдет	помогáть
онá	помогáет	онá	помогáла	онá	бýдет	помогáть
онó	помогáет	онó	помогáло	онó	бýдет	помогáть
мы	помогáем	мы	помогáли	мы	бýдем	помогáть
вы	помогáете	вы	помогáли	вы	бýдете	помогáть
они́	помогáют	они́	помогáли	они́	бýдут	помогáть

KONJUNKTIV

я	помогáл / помогáла	бы
ты	помогáл / помогáла	бы
он	помогáл	бы
онá	помогáла	бы
онó	помогáло	бы
мы	помогáли	бы
вы	помогáли	бы
они́	помогáли	бы

PARTIZIPIEN

AP	**Präsens**	помогáя
P	**Präs. Aktiv**	помогáющий
P	**Prät. Aktiv**	помогáвший

IMPERATIV

Помогáй!
Помогáйте!

PERFEKTIV

помóчь → **146**

помóчь
helfen

INDIKATIV

Futur / PF		Präteritum	
я	помогý	я	помóг / помоглá
ты	помóжешь	ты	помóг / помоглá
он	помóжет	он	помóг
онá	помóжет	онá	помоглá
онó	помóжет	онó	помоглó
мы	помóжем	мы	помогли́
вы	помóжете	вы	помогли́
они́	помóгут	они́	помогли́

KONJUNKTIV

я	помóг / помоглá	бы
ты	помóг / помоглá	бы
он	помóг	бы
онá	помоглá	бы
онó	помоглó	бы
мы	помогли́	бы
вы	помогли́	бы
они́	помогли́	бы

PARTIZIPIEN

AP	**Präteritum**	помóгши
P	**Prät. Aktiv**	помóгший

IMPERATIV

Помоги́!
Помоги́те!

IMPERFEKTIV

помогáть
→ **145**

Perfektives Verb

поня́ть
verstehen

INDIKATIV

Futur / PF		Präteritum	
я	пойму́	я	по́нял / поняла́
ты	поймёшь	ты	по́нял / поняла́
он	поймёт	он	по́нял
она́	поймёт	она́	поняла́
оно́	поймёт	оно́	по́няло
мы	поймём	мы	по́няли
вы	поймёте	вы	по́няли
они́	пойму́т	они́	по́няли

KONJUNKTIV

я	по́нял / поняла́ бы
ты	по́нял / поняла́ бы
он	по́нял бы
она́	поняла́ бы
оно́	по́няло бы
мы	по́няли бы
вы	по́няли бы
они́	по́няли бы

PARTIZIPIEN

AP Präteritum	поня́в
P Prät. Aktiv	поня́вший
P Prät. Passiv	по́нятый
Kurzformen	по́нят
	понята́
	по́нято
	по́няты

IMPERATIV

Пойми́!
Пойми́те!

IMPERFEKTIV

понима́ть

Perfektives Verb

посвяти́ть
widmen

INDIKATIV

Futur / PF		Präteritum	
я	посвящу́	я	посвяти́л / посвяти́ла
ты	посвяти́шь	ты	посвяти́л / посвяти́ла
он	посвяти́т	он	посвяти́л
она́	посвяти́т	она́	посвяти́ла
оно́	посвяти́т	оно́	посвяти́ло
мы	посвяти́м	мы	посвяти́ли
вы	посвяти́те	вы	посвяти́ли
они́	посвятя́т	они́	посвяти́ли

KONJUNKTIV

я	посвяти́л / посвяти́ла бы
ты	посвяти́л / посвяти́ла бы
он	посвяти́л бы
она́	посвяти́ла бы
оно́	посвяти́ло бы
мы	посвяти́ли бы
вы	посвяти́ли бы
они́	посвяти́ли бы

PARTIZIPIEN

AP Präteritum	посвяти́в
P Prät. Aktiv	посвяти́вший
P Prät. Passiv	посвящённый
Kurzformen	посвящён
	посвящена́
	посвящено́
	посвящены́

IMPERATIV

Посвяти́!
Посвяти́те!

IMPERFEKTIV

посвяща́ть

Perfektives Verb

посла́ть
schicken

INDIKATIV

Futur / PF		Präteritum	
я	пошлю́	я	посла́л / посла́ла
ты	пошлёшь	ты	посла́л / посла́ла
он	пошлёт	он	посла́л
она́	пошлёт	она́	посла́ла
оно́	пошлёт	оно́	посла́ло
мы	пошлём	мы	посла́ли
вы	пошлёте	вы	посла́ли
они́	пошлю́т	они́	посла́ли

KONJUNKTIV

я	посла́л / посла́ла	бы
ты	посла́л / посла́ла	бы
он	посла́л	бы
она́	посла́ла	бы
оно́	посла́ло	бы
мы	посла́ли	бы
вы	посла́ли	бы
они́	посла́ли	бы

PARTIZIPIEN

AP Präteritum	посла́в
P Prät. Aktiv	посла́вший
P Prät. Passiv	по́сланный
Kurzformen	по́слан
	по́слана
	по́слано
	по́сланы

IMPERATIV

Пошли́!
Пошли́те!

IMPERFEKTIV

посыла́ть

Perfektives Verb

преодоле́ть
überwinden

INDIKATIV

Futur / PF		Präteritum	
я	преодоле́ю	я	преодоле́л / преодоле́ла
ты	преодоле́ешь	ты	преодоле́л / преодоле́ла
он	преодоле́ет	он	преодоле́л
она́	преодоле́ет	она́	преодоле́ла
оно́	преодоле́ет	оно́	преодоле́ло
мы	преодоле́ем	мы	преодоле́ли
вы	преодоле́ете	вы	преодоле́ли
они́	преодоле́ют	они́	преодоле́ли

KONJUNKTIV

я	преодоле́л / преодоле́ла	бы
ты	преодоле́л / преодоле́ла	бы
он	преодоле́л	бы
она́	преодоле́ла	бы
оно́	преодоле́ло	бы
мы	преодоле́ли	бы
вы	преодоле́ли	бы
они́	преодоле́ли	бы

PARTIZIPIEN

AP Präteritum	преодоле́в
P Prät. Aktiv	преодоле́вший
P Prät. Passiv	преодолённый
Kurzformen	преодолён
	преодолена́
	преодолено́
	преодолены́

IMPERATIV

Преодоле́й!
Преодоле́йте!

IMPERFEKTIV

преодолева́ть

Perfektives Verb

пригласи́ть
einladen

INDIKATIV

Futur / PF		Präteritum	
я	приглашу́	я	пригласи́л / пригласи́ла
ты	пригласи́шь	ты	пригласи́л / пригласи́ла
он	пригласи́т	он	пригласи́л
она́	пригласи́т	она́	пригласи́ла
оно́	пригласи́т	оно́	пригласи́ло
мы	пригласи́м	мы	пригласи́ли
вы	пригласи́те	вы	пригласи́ли
они́	приглася́т	они́	пригласи́ли

KONJUNKTIV

я	пригласи́л / пригласи́ла бы
ты	пригласи́л / пригласи́ла бы
он	пригласи́л бы
она́	пригласи́ла бы
оно́	пригласи́ло бы
мы	пригласи́ли бы
вы	пригласи́ли бы
они́	пригласи́ли бы

PARTIZIPIEN

AP	**Präteritum**	пригласи́в
P	**Prät. Aktiv**	пригласи́вший
P	**Prät. Passiv**	приглашённый
Kurzformen		приглашён
		приглашена́
		приглашено́
		приглашены́

IMPERATIV

Пригласи́!
Пригласи́те!

IMPERFEKTIV

приглаша́ть

Imperfektives Verb

признава́ть
gestehen, anerkennen

INDIKATIV

Präsens		Präteritum		Futur / IMPF		
я	признаю́	я	признава́л / признава́ла	я	бу́ду	признава́ть
ты	признаёшь	ты	признава́л / признава́ла	ты	бу́дешь	признава́ть
он	признаёт	он	признава́л	он	бу́дет	признава́ть
она́	признаёт	она́	признава́ла	она́	бу́дет	признава́ть
оно́	признаёт	оно́	признава́ло	оно́	бу́дет	признава́ть
мы	признаём	мы	признава́ли	мы	бу́дем	признава́ть
вы	признаёте	вы	признава́ли	вы	бу́дете	признава́ть
они́	признаю́т	они́	признава́ли	они́	бу́дут	признава́ть

KONJUNKTIV

я	признава́л / признава́ла бы
ты	признава́л / признава́ла бы
он	признава́л бы
она́	признава́ла бы
оно́	признава́ло бы
мы	признава́ли бы
вы	признава́ли бы
они́	признава́ли бы

PARTIZIPIEN

AP	**Präsens**	признава́я
P	**Präs. Aktiv**	признаю́щий
P	**Präs. Passiv**	признава́емый
P	**Prät. Aktiv**	признава́вший

IMPERATIV

Признава́й!
Признава́йте!

PERFEKTIV

призна́ть

приня́ть
annehmen

INDIKATIV

Futur / PF		Präteritum	
я	приму́	я	при́нял / приняла́
ты	при́мешь	ты	при́нял / приняла́
он	при́мет	он	при́нял
она́	при́мет	она́	приняла́
оно́	при́мет	оно́	при́няло
мы	при́мем	мы	при́няли
вы	при́мете	вы	при́няли
они́	при́мут	они́	при́няли

KONJUNKTIV

я	при́нял / приняла́ бы
ты	при́нял / приняла́ бы
он	при́нял бы
она́	приняла́ бы
оно́	при́няло бы
мы	при́няли бы
вы	при́няли бы
они́	при́няли бы

PARTIZIPIEN

AP Präteritum	приня́в
P Prät. Aktiv	приня́вший
P Prät. Passiv	при́нятый
Kurzformen	при́нят
	принята́
	при́нято
	при́няты

IMPERATIV

Прими́!
Прими́те!

IMPERFEKTIV

принима́ть

продава́ть
verkaufen

INDIKATIV

Präsens		Präteritum		Futur / IMPF		
я	продаю́	я	продава́л / продава́ла	я	бу́ду	продава́ть
ты	продаёшь	ты	продава́л / продава́ла	ты	бу́дешь	продава́ть
он	продаёт	он	продава́л	он	бу́дет	продава́ть
она́	продаёт	она́	продава́ла	она́	бу́дет	продава́ть
оно́	продаёт	оно́	продава́ло	оно́	бу́дет	продава́ть
мы	продаём	мы	продава́ли	мы	бу́дем	продава́ть
вы	продаёте	вы	продава́ли	вы	бу́дете	продава́ть
они́	продаю́т	они́	продава́ли	они́	бу́дут	продава́ть

KONJUNKTIV

я	продава́л / продава́ла бы
ты	продава́л / продава́ла бы
он	продава́л бы
она́	продава́ла бы
оно́	продава́ло бы
мы	продава́ли бы
вы	продава́ли бы
они́	продава́ли бы

PARTIZIPIEN

AP Präsens	продава́я
P Präs. Aktiv	продаю́щий
P Präs. Passiv	продава́емый
P Prät. Aktiv	продава́вший

IMPERATIV

Продава́й!
Продава́йте!

PERFEKTIV

прода́ть → 155

Perfektives Verb

продáть

verkaufen

INDIKATIV

Futur / PF

я	продáм
ты	продáшь
он	продáст
онá	продáст
онó	продáст
мы	продадúм
вы	продадúте
онú	продадýт

Präteritum

я	продáл / продалá
ты	продáл / продалá
он	продáл
онá	продалá
онó	продáло
мы	продáли
вы	продáли
онú	продáли

KONJUNKTIV

я	продáл / продалá	бы
ты	продáл / продалá	бы
он	продáл	бы
онá	продалá	бы
онó	продáло	бы
мы	продáли	бы
вы	продáли	бы
онú	продáли	бы

PARTIZIPIEN

AP	**Präteritum**	продáв
P	**Prät. Aktiv**	продáвший
P	**Prät. Passiv**	прóданный
Kurzformen		прóдан
		прóдано
		проданá
		прóданы

IMPERATIV

Продáй!

Продáйте!

IMPERFEKTIV

продавáть

→ 154

Imperfektives Verb

просúть

bitten

INDIKATIV

Präsens

я	прошý
ты	прóсишь
он	прóсит
онá	прóсит
онó	прóсит
мы	прóсим
вы	прóсите
онú	прóсят

Präteritum

я	просúл / просúла
ты	просúл / просúла
он	просúл
онá	просúла
онó	просúло
мы	просúли
вы	просúли
онú	просúли

Futur / IMPF

я	бýду	просúть
ты	бýдешь	просúть
он	бýдет	просúть
онá	бýдет	просúть
онó	бýдет	просúть
мы	бýдем	просúть
вы	бýдете	просúть
онú	бýдут	просúть

KONJUNKTIV

я	просúл / просúла	бы
ты	просúл / просúла	бы
он	просúл	бы
онá	просúла	бы
онó	просúло	бы
мы	просúли	бы
вы	просúли	бы
онú	просúли	бы

PARTIZIPIEN

AP	**Präsens**	прос́я
P	**Präs. Aktiv**	прос́ящий
P	**Prät. Aktiv**	просúвший
P	**Prät. Passiv**	просúмый

IMPERATIV

Просú!

Просúте!

PERFEKTIV

попросúть

Perfektives Verb

разви́ть
entwickeln

INDIKATIV

Futur / PF		Präteritum	
я	разовью́	я	разви́л / развила́
ты	разовьёшь	ты	разви́л / развила́
он	разовьёт	он	разви́л
она́	разовьёт	она́	развила́
оно́	разовьёт	оно́	разви́ло
мы	разовьём	мы	разви́ли
вы	разовьёте	вы	разви́ли
они́	разовью́т	они́	разви́ли

KONJUNKTIV

я	разви́л / развила́ бы
ты	разви́л / развила́ бы
он	разви́л бы
она́	развила́ бы
оно́	разви́ло бы
мы	разви́ли бы
вы	разви́ли бы
они́	разви́ли бы

PARTIZIPIEN

AP Präteritum	разви́в
P Prät. Aktiv	разви́вший
P Prät. Passiv	ра́звитый
Kurzformen	ра́звит
	развита́
	ра́звито
	ра́звиты

IMPERATIV

Разве́й!
Разве́йте!

IMPERFEKTIV

развива́ть

Imperfektives Verb

расти́
wachsen

INDIKATIV

Präsens		Präteritum		Futur / IMPF		
я	расту́	я	рос / росла́	я	бу́ду	расти́
ты	растёшь	ты	рос / росла́	ты	бу́дешь	расти́
он	растёт	он	рос	он	бу́дет	расти́
она́	растёт	она́	росла́	она́	бу́дет	расти́
оно́	растёт	оно́	росло́	оно́	бу́дет	расти́
мы	растём	мы	росли́	мы	бу́дем	расти́
вы	растёте	вы	росли́	вы	бу́дете	расти́
они́	расту́т	они́	росли́	они́	бу́дут	расти́

KONJUNKTIV

я	рос / росла́ бы
ты	рос / росла́ бы
он	рос бы
она́	росла́ бы
оно́	росло́ бы
мы	росли́ бы
вы	росли́ бы
они́	росли́ бы

PARTIZIPIEN

P Präs. Aktiv	расту́щий
AP Präteritum	ро́сши
P Prät. Aktiv	ро́сший

IMPERATIV

Расти́!
Расти́те!

PERFEKTIV

вы́расти

Imperfektives Verb

рвать

reißen

INDIKATIV

Präsens		Präteritum		Futur / IMPF		
я	рву	я	рвал / рвалá	я	бýду	рвать
ты	рвёшь	ты	рвал / рвалá	ты	бýдешь	рвать
он	рвёт	он	рвал	он	бýдет	рвать
онá	рвёт	онá	рвалá	онá	бýдет	рвать
онó	рвёт	онó	рвáло	онó	бýдет	рвать
мы	рвём	мы	рвáли	мы	бýдем	рвать
вы	рвёте	вы	рвáли	вы	бýдете	рвать
они́	рвут	они́	рвáли	они́	бýдут	рвать

KONJUNKTIV

я	рвал / рвалá	бы
ты	рвал / рвалá	бы
он	рвал	бы
онá	рвалá	бы
онó	рвáло	бы
мы	рвáли	бы
вы	рвáли	бы
они́	рвáли	бы

PARTIZIPIEN

P	**Präs. Aktiv**	рвýщий
AP	**Präteritum**	рвав
P	**Prät. Aktiv**	рвáвший

IMPERATIV

Рви!
Рви́те!

PERFEKTIV

сорвáть
разорвáть
вырвáть
рванýть

Imperfektives Verb

рéзать

schneiden

INDIKATIV

Präsens		Präteritum		Futur / IMPF		
я	рéжу	я	рéзал / рéзала	я	бýду	рéзать
ты	рéжешь	ты	рéзал / рéзала	ты	бýдешь	рéзать
он	рéжет	он	рéзал	он	бýдет	рéзать
онá	рéжет	онá	рéзала	онá	бýдет	рéзать
онó	рéжет	онó	рéзало	онó	бýдет	рéзать
мы	рéжем	мы	рéзали	мы	бýдем	рéзать
вы	рéжете	вы	рéзали	вы	бýдете	рéзать
они́	рéжут	они́	рéзали	они́	бýдут	рéзать

KONJUNKTIV

я	рéзал / рéзала	бы
ты	рéзал / рéзала	бы
он	рéзал	бы
онá	рéзала	бы
онó	рéзало	бы
мы	рéзали	бы
вы	рéзали	бы
они́	рéзали	бы

PARTIZIPIEN

P	**Präs. Aktiv**	рéжущий
AP	**Präteritum**	рéзав
P	**Prät. Aktiv**	рéзавший
P	**Prät. Passiv**	рéзаный (adj)

IMPERATIV

Режь!
Рéжьте!

PERFEKTIV

отрéзать
нарéзать
разрéзать

сади́ться
sich setzen

INDIKATIV

Präsens		Präteritum		Futur / IMPF		
я	сажу́сь	я	сади́лся / сади́лась	я	бу́ду	сади́ться
ты	сади́шься	ты	сади́лся / сади́лась	ты	бу́дешь	сади́ться
он	сади́тся	он	сади́лся	он	бу́дет	сади́ться
она́	сади́тся	она́	сади́лась	она́	бу́дет	сади́ться
оно́	сади́тся	оно́	сади́лось	оно́	бу́дет	сади́ться
мы	сади́мся	мы	сади́лись	мы	бу́дем	сади́ться
вы	сади́тесь	вы	сади́лись	вы	бу́дете	сади́ться
они́	садя́тся	они́	сади́лись	они́	бу́дут	сади́ться

KONJUNKTIV

я	сади́лся / сади́лась бы
ты	сади́лся / сади́лась бы
он	сади́лся бы
она́	сади́лась бы
оно́	сади́лось бы
мы	сади́лись бы
вы	сади́лись бы
они́	сади́лись бы

PARTIZIPIEN

AP	**Präsens**	садя́сь
P	**Präs. Aktiv**	садя́щийся
P	**Prät. Aktiv**	сади́вшийся

IMPERATIV

Сади́сь!
Сади́тесь!

PERFEKTIV

сесть → 163

сде́лать
machen, tun

INDIKATIV

Futur / PF		Präteritum	
я	сде́лаю	я	сде́лал / сде́лала
ты	сде́лаешь	ты	сде́лал / сде́лала
он	сде́лает	он	сде́лал
она́	сде́лает	она́	сде́лала
оно́	сде́лает	оно́	сде́лало
мы	сде́лаем	мы	сде́лали
вы	сде́лаете	вы	сде́лали
они́	сде́лают	они́	сде́лали

KONJUNKTIV

я	сде́лал / сде́лала бы
ты	сде́лал / сде́лала бы
он	сде́лал бы
она́	сде́лала бы
оно́	сде́лало бы
мы	сде́лали бы
вы	сде́лали бы
они́	сде́лали бы

PARTIZIPIEN

AP	**Präteritum**	сде́лав
P	**Prät. Aktiv**	сде́лавший
P	**Prät. Passiv**	сде́ланный
Kurzformen		сде́лан
		сде́лана
		сде́лано
		сде́ланы

IMPERATIV

Сде́лайте!

IMPERFEKTIV

де́лать → 52

Perfektives Verb

сесть
sich setzen

INDIKATIV

Futur / PF		Präteritum	
я	сяду	я	сел / се́ла
ты	сядешь	ты	сел / се́ла
он	сядет	он	сел
она́	сядет	она́	се́ла
оно́	сядет	оно́	се́ло
мы	сядем	мы	се́ли
вы	сядете	вы	се́ли
они́	сядут	они́	се́ли

KONJUNKTIV

я	сел / се́ла	бы
ты	сел / се́ла	бы
он	сел	бы
она́	се́ла	бы
оно́	се́ло	бы
мы	се́ли	бы
вы	се́ли	бы
они́	се́ли	бы

PARTIZIPIEN

AP	**Präteritum**	сев
P	**Prät. Aktiv**	се́вший

IMPERATIV

Сядь!
Сядьте!

IMPERFEKTIV

сади́ться
→ 161

Imperfektives Verb

сиде́ть
sitzen

INDIKATIV

Präsens		Präteritum		Futur / IMPF		
я	сижу́	я	сиде́л / сиде́ла	я	бу́ду	сиде́ть
ты	сиди́шь	ты	сиде́л / сиде́ла	ты	бу́дешь	сиде́ть
он	сиди́т	он	сиде́л	он	бу́дет	сиде́ть
она́	сиди́т	она́	сиде́ла	она́	бу́дет	сиде́ть
оно́	сиди́т	оно́	сиде́ло	оно́	бу́дет	сиде́ть
мы	сиди́м	мы	сиде́ли	мы	бу́дем	сиде́ть
вы	сиди́те	вы	сиде́ли	вы	бу́дете	сиде́ть
они́	сидя́т	они́	сиде́ли	они́	бу́дут	сиде́ть

KONJUNKTIV

я	сиде́л / сиде́ла	бы
ты	сиде́л / сиде́ла	бы
он	сиде́л	бы
она́	сиде́ла	бы
оно́	сиде́ло	бы
мы	сиде́ли	бы
вы	сиде́ли	бы
они́	сиде́ли	бы

PARTIZIPIEN

AP	**Präsens**	си́дя
P	**Präs. Aktiv**	сидя́щий
AP	**Präteritum**	сиде́в
P	**Prät. Aktiv**	сиде́вший

IMPERATIV

Сиди́!
Сиди́те!

PERFEKTIV

посиде́ть

Perfektives Verb

сказáть

sagen

INDIKATIV

Futur / PF		**Präteritum**	
я	скажý	я	сказáл / сказáла
ты	скáжешь	ты	сказáл / сказáла
он	скáжет	он	сказáл
онá	скáжет	онá	сказáла
онó	скáжет	онó	сказáло
мы	скáжем	мы	сказáли
вы	скáжете	вы	сказáли
онú	скáжут	онú	сказáли

KONJUNKTIV

я сказáл / сказáла бы
ты сказáл / сказáла бы
он сказáл бы
онá сказáла бы
онó сказáло бы
мы сказáли бы
вы сказáли бы
онú сказáли бы

PARTIZIPIEN

AP Präteritum	сказáв
P Prät. Aktiv	сказáвший
P Prät. Passiv	скáзанный
Kurzformen	скáзан
	скáзана
	скáзано
	скáзаны

IMPERATIV

Скажú!
Скажúте!

IMPERFEKTIV

говорúть
→ 42

Perfektives Verb

слить

weggießen

INDIKATIV

Futur / PF		**Präteritum**	
я	солью́	я	слил / слилá
ты	сольёшь	ты	слил / слилá
он	сольёт	он	слил
онá	сольёт	онá	слилá
онó	сольёт	онó	слúло
мы	сольём	мы	слúли
вы	сольёте	вы	слúли
онú	солью́т	онú	слúли

KONJUNKTIV

я слил / слилá бы
ты слил / слилá бы
он слил бы
онá слилá бы
онó слúло бы
мы слúли бы
вы слúли бы
онú слúли бы

PARTIZIPIEN

AP Präteritum	слив
P Prät. Aktiv	слúвший
P Prät. Passiv	слúтый
Kurzformen	слит
	слитá
	слúто
	слúты

IMPERATIV

Слей!
Слéйте!

IMPERFEKTIV

лить → 106

Imperfektives Verb

слу́шать
zuhören

INDIKATIV

Präsens		Präteritum		Futur / IMPF		
я	слу́шаю	я	слу́шал / слу́шала	я	бу́ду	слу́шать
ты	слу́шаешь	ты	слу́шал / слу́шала	ты	бу́дешь	слу́шать
он	слу́шает	он	слу́шал	он	бу́дет	слу́шать
она́	слу́шает	она́	слу́шала	она́	бу́дет	слу́шать
оно́	слу́шает	оно́	слу́шало	оно́	бу́дет	слу́шать
мы	слу́шаем	мы	слу́шали	мы	бу́дем	слу́шать
вы	слу́шаете	вы	слу́шали	вы	бу́дете	слу́шать
они́	слу́шают	они́	слу́шали	они́	бу́дут	слу́шать

KONJUNKTIV

я	слу́шал / слу́шала	бы
ты	слу́шал / слу́шала	бы
он	слу́шал	бы
она́	слу́шала	бы
оно́	слу́шало	бы
мы	слу́шали	бы
вы	слу́шали	бы
они́	слу́шали	бы

PARTIZIPIEN

AP	Präsens	слу́шая
P	Präs. Aktiv	слу́шающий
P	Präs. Passiv	слу́шаемый
P	Prät. Aktiv	слу́шавший
P	Prät. Passiv	слу́шанный
Kurzformen		слу́шан
		слу́шана
		слу́шано
		слу́шаны

IMPERATIV

Слу́шай!
Слу́шайте!

PERFEKTIV

послу́шать

Imperfektives Verb

слы́шать
hören

INDIKATIV

Präsens		Präteritum		Futur / IMPF		
я	слы́шу	я	слы́шал / слы́шала	я	бу́ду	слы́шать
ты	слы́шишь	ты	слы́шал / слы́шала	ты	бу́дешь	слы́шать
он	слы́шит	он	слы́шал	он	бу́дет	слы́шать
она́	слы́шит	она́	слы́шала	она́	бу́дет	слы́шать
оно́	слы́шит	оно́	слы́шало	оно́	бу́дет	слы́шать
мы	слы́шим	мы	слы́шали	мы	бу́дем	слы́шать
вы	слы́шите	вы	слы́шали	вы	бу́дете	слы́шать
они́	слы́шат	они́	слы́шали	они́	бу́дут	слы́шать

KONJUNKTIV

я	слы́шал / слы́шала	бы
ты	слы́шал / слы́шала	бы
он	слы́шал	бы
она́	слы́шала	бы
оно́	слы́шало	бы
мы	слы́шали	бы
вы	слы́шали	бы
они́	слы́шали	бы

PARTIZIPIEN

AP	Präsens	слы́ша
P	Präs. Aktiv	слы́шащий
P	Präs. Passiv	слы́шимый
P	Prät. Aktiv	слы́шавший

IMPERATIV

—
—

PERFEKTIV

услы́шать

смея́ться
lachen

INDIKATIV

Präsens		Präteritum		Futur / IMPF		
я	смею́сь	я	смея́лся / смея́лась	я	бу́ду	смея́ться
ты	смеёшься	ты	смея́лся / смея́лась	ты	бу́дешь	смея́ться
он	смеётся	он	смея́лся	он	бу́дет	смея́ться
она́	смеётся	она́	смея́лась	она́	бу́дет	смея́ться
оно́	смеётся	оно́	смея́лось	оно́	бу́дет	смея́ться
мы	смеёмся	мы	смея́лись	мы	бу́дем	смея́ться
вы	смеётесь	вы	смея́лись	вы	бу́дете	смея́ться
они́	смею́тся	они́	смея́лись	они́	бу́дут	смея́ться

KONJUNKTIV

я	смея́лся / смея́лась бы
ты	смея́лся / смея́лась бы
он	смея́лся бы
она́	смея́лась бы
оно́	смея́лось бы
мы	смея́лись бы
вы	смея́лись бы
они́	смея́лись бы

PARTIZIPIEN

AP	**Präsens**	смея́сь
P	**Präs. Aktiv**	смею́щийся
P	**Prät. Aktiv**	смея́вшийся

IMPERATIV

Сме́йся!
Сме́йтесь!

PERFEKTIV

посмея́ться

сова́ть
hineinstecken, zustecken

INDIKATIV

Präsens		Präteritum		Futur / IMPF		
я	сую́	я	сова́л / сова́ла	я	бу́ду	сова́ть
ты	суёшь	ты	сова́л / сова́ла	ты	бу́дешь	сова́ть
он	суёт	он	сова́л	он	бу́дет	сова́ть
она́	суёт	она́	сова́ла	она́	бу́дет	сова́ть
оно́	суёт	оно́	сова́ло	оно́	бу́дет	сова́ть
мы	суём	мы	сова́ли	мы	бу́дем	сова́ть
вы	суёте	вы	сова́ли	вы	бу́дете	сова́ть
они́	сую́т	они́	сова́ли	они́	бу́дут	сова́ть

KONJUNKTIV

я	сова́л / сова́ла бы
ты	сова́л / сова́ла бы
он	сова́л бы
она́	сова́ла бы
оно́	сова́ло бы
мы	сова́ли бы
вы	сова́ли бы
они́	сова́ли бы

PARTIZIPIEN

AP	**Präsens**	суя́
P	**Präs. Aktiv**	сую́щий

IMPERATIV

Су́й!
Су́йте!

PERFEKTIV

су́нуть

Imperfektives Verb

совéтовать

raten, empfehlen

INDIKATIV

Präsens

я	совéтую
ты	совéтуешь
он	совéтует
онá	совéтует
онó	совéтует
мы	совéтуем
вы	совéтуете
онú	совéтуют

Präteritum

я	совéтовал / совéтовала
ты	совéтовал / совéтовала
он	совéтовал
онá	совéтовала
онó	совéтовало
мы	совéтовали
вы	совéтовали
онú	совéтовали

Futur / IMPF

я	бýду	совéтовать
ты	бýдешь	совéтовать
он	бýдет	совéтовать
онá	бýдет	совéтовать
онó	бýдет	совéтовать
мы	бýдем	совéтовать
вы	бýдете	совéтовать
онú	бýдут	совéтовать

KONJUNKTIV

я	совéтовал / совéтовала бы
ты	совéтовал / совéтовала бы
он	совéтовал бы
онá	совéтовала бы
онó	совéтовало бы
мы	совéтовали бы
вы	совéтовали бы
онú	совéтовали бы

PARTIZIPIEN

AP	**Präsens**	совéтуя
P	**Präs. Aktiv**	совéтующий
P	**Prät. Aktiv**	совéтавший

IMPERATIV

Совéтуй!
Совéтуйте!

PERFEKTIV

посовéтовать

Perfektives Verb

согласúться

einverstanden sein

INDIKATIV

Futur / PF

я	соглашýсь
ты	согласúшься
он	согласúтся
онá	согласúтся
онó	согласúтся
мы	согласúмся
вы	согласúтесь
онú	соглася́тся

Präteritum

я	согласúлся / согласúлась
ты	согласúлся / согласúлась
он	согласúлся
онá	согласúлась
онó	согласúлось
мы	согласúлись
вы	согласúлись
онú	согласúлись

KONJUNKTIV

я	согласúлся / согласúлась бы
ты	согласúлся / согласúлась бы
он	согласúлся бы
онá	согласúлась бы
онó	согласúлось бы
мы	согласúлись бы
вы	согласúлись бы
онú	согласúлись бы

PARTIZIPIEN

AP	**Präteritum**	согласúвшись
P	**Prät. Aktiv**	согласúвшийся

IMPERATIV

Согласúсь!
Согласúтесь!

IMPERFEKTIV

соглашáться

сообщи́ть

mitteilen

INDIKATIV

Futur / PF		Präteritum	
я	сообщу́	я	сообщи́л / сообщи́ла
ты	сообщи́шь	ты	сообщи́л / сообщи́ла
он	сообщи́т	он	сообщи́л
она́	сообщи́т	она́	сообщи́ла
оно́	сообщи́т	оно́	сообщи́ло
мы	сообщи́м	мы	сообщи́ли
вы	сообщи́те	вы	сообщи́ли
они́	сообща́т	они́	сообщи́ли

KONJUNKTIV

я	сообщи́л / сообщи́ла	бы
ты	сообщи́л / сообщи́ла	бы
он	сообщи́л	бы
она́	сообщи́ла	бы
оно́	сообщи́ло	бы
мы	сообщи́ли	бы
вы	сообщи́ли	бы
они́	сообщи́ли	бы

PARTIZIPIEN

AP	Präteritum	сообщи́в
P	Prät. Aktiv	сообщи́вший
P	Prät. Passiv	сообщённый
Kurzformen		сообщён
		сообщена́
		сообщено́
		сообщены́

IMPERATIV

Сообщи́!
Сообщи́те!

IMPERFEKTIV

сообща́ть

спать

schlafen

INDIKATIV

Präsens		Präteritum		Futur / IMPF		
я	сплю́	я	спал / спала́	я	бу́ду	спать
ты	спишь	ты	спал / спала́	ты	бу́дешь	спать
он	спит	он	спал	он	бу́дет	спать
она́	спит	она́	спала́	она́	бу́дет	спать
оно́	спит	оно́	спа́ло	оно́	бу́дет	спать
мы	спим	мы	спа́ли	мы	бу́дем	спать
вы	спи́те	вы	спа́ли	вы	бу́дете	спать
они́	спят	они́	спа́ли	они́	бу́дут	спать

KONJUNKTIV

я	спал / спала́	бы
ты	спал / спала́	бы
он	спал	бы
она́	спала́	бы
оно́	спа́ло	бы
мы	спа́ли	бы
вы	спа́ли	бы
они́	спа́ли	бы

PARTIZIPIEN

P	Präs. Aktiv	спя́щий
AP	Präteritum	спав
P	Prät. Aktiv	спа́вший

IMPERATIV

Спи!
Спи́те!

PERFEKTIV

поспа́ть

Imperfektives Verb

стано́виться
werden

INDIKATIV

Präsens		Präteritum		Futur / IMPF		
я	становлю́сь	я	станови́лся / станови́лась	я	бу́ду	станови́ться
ты	стано́вишься	ты	станови́лся / станови́лась	ты	бу́дешь	станови́ться
он	стано́вится	он	станови́лся	он	бу́дет	станови́ться
она́	стано́вится	она́	станови́лась	она́	бу́дет	станови́ться
оно́	стано́вится	оно́	станови́лось	оно́	бу́дет	станови́ться
мы	стано́вимся	мы	станови́лись	мы	бу́дем	станови́ться
вы	стано́витесь	вы	станови́лись	вы	бу́дете	станови́ться
они́	стано́вятся	они́	станови́лись	они́	бу́дут	станови́ться

KONJUNKTIV

я	станови́лся / станови́лась бы
ты	станови́лся / станови́лась бы
он	станови́лся бы
она́	станови́лась бы
оно́	станови́лось бы
мы	станови́лись бы
вы	станови́лись бы
они́	станови́лись бы

PARTIZIPIEN

AP	**Präsens**	становя́сь
P	**Präs. Aktiv**	становя́щийся
P	**Prät. Aktiv**	станови́вшийся

IMPERATIV

Станови́сь!
Станови́тесь!

PERFEKTIV

стать → 176

Perfektives Verb

стать
werden

INDIKATIV

Futur / PF		Präteritum	
я	ста́ну	я	стал / ста́ла
ты	ста́нешь	ты	стал / ста́ла
он	ста́нет	он	стал
она́	ста́нет	она́	ста́ла
оно́	ста́нет	оно́	ста́ло
мы	ста́нем	мы	ста́ли
вы	ста́нете	вы	ста́ли
они́	ста́нут	они́	ста́ли

KONJUNKTIV

я	стал / ста́ла бы
ты	стал / ста́ла бы
он	стал бы
она́	ста́ла бы
оно́	ста́ло бы
мы	ста́ли бы
вы	ста́ли бы
они́	ста́ли бы

PARTIZIPIEN

AP	**Präteritum**	став
P	**Prät. Aktiv**	ста́вший

IMPERATIV

Стань!
Ста́ньте!

IMPERFEKTIV

станови́ться
→ 175

стели́ть

machen *(Bett)*; auflegen *(Tischtuch)*

INDIKATIV

Präsens		Präteritum		Futur / IMPF		
я	стелю́	я	стели́л / стели́ла	я	бу́ду	стели́ть
ты	сте́лешь	ты	стели́л / стели́ла	ты	бу́дешь	стели́ть
он	сте́лет	он	стели́л	он	бу́дет	стели́ть
она́	сте́лет	она́	стели́ла	она́	бу́дет	стели́ть
оно́	сте́лет	оно́	стели́ло	оно́	бу́дет	стели́ть
мы	сте́лем	мы	стели́ли	мы	бу́дем	стели́ть
вы	сте́лите	вы	стели́ли	вы	бу́дете	стели́ть
они́	сте́лют	они́	стели́ли	они́	бу́дут	стели́ть

KONJUNKTIV

я	стели́л / стели́ла	бы
ты	стели́л / стели́ла	бы
он	стели́л	бы
она́	стели́ла	бы
оно́	стели́ло	бы
мы	стели́ли	бы
вы	стели́ли	бы
они́	стели́ли	бы

PARTIZIPIEN

AP	**Präsens**	стеля́
P	**Präs. Aktiv**	сте́лющий
P	**Prät. Aktiv**	стели́вший
P	**Prät. Passiv**	сте́ленный

IMPERATIV

Стели́!
Стели́те!

PERFEKTIV

постели́ть

стере́ть

löschen

INDIKATIV

Futur / PF		Präteritum	
я	сотру́	я	стёр / стёрла
ты	сотрёшь	ты	стёр / стёрла
он	сотрёт	он	стёр
она́	сотрёт	она́	стёрла
оно́	сотрёт	оно́	стёрло
мы	сотрём	мы	стёрли
вы	сотрёте	вы	стёрли
они́	сотру́т	они́	стёрли

KONJUNKTIV

я	стёр / стёрла	бы
ты	стёр / стёрла	бы
он	стёр	бы
она́	стёрла	бы
оно́	стёрло	бы
мы	стёрли	бы
вы	стёрли	бы
они́	стёрли	бы

PARTIZIPIEN

AP	**Präteritum**	стере́в
P	**Prät. Aktiv**	стёрший
P	**Prät. Passiv**	стёртый
Kurzformen		стёрт
		стёрта
		стёрто
		стёрты

IMPERATIV

Сотри́!
Сотри́те!

IMPERFEKTIV

стира́ть → 179

Imperfektives Verb

стира́ть

1. löschen; 2. *(Wäsche)* waschen

INDIKATIV

Präsens		Präteritum		Futur / IMPF		
я	стира́ю	я	стира́л / стира́ла	я	бу́ду	стира́ть
ты	стира́ешь	ты	стира́л / стира́ла	ты	бу́дешь	стира́ть
он	стира́ет	он	стира́л	он	бу́дет	стира́ть
она́	стира́ет	она́	стира́ла	она́	бу́дет	стира́ть
оно́	стира́ет	оно́	стира́ло	оно́	бу́дет	стира́ть
мы	стира́ем	мы	стира́ли	мы	бу́дем	стира́ть
вы	стира́ете	вы	стира́ли	вы	бу́дете	стира́ть
они́	стира́ют	они́	стира́ли	они́	бу́дут	стира́ть

KONJUNKTIV

я	стира́л / стира́ла бы
ты	стира́л / стира́ла бы
он	стира́л бы
она́	стира́ла бы
оно́	стира́ло бы
мы	стира́ли бы
вы	стира́ли бы
они́	стира́ли бы

PARTIZIPIEN

AP	**Präsens**	стира́я
P	**Präs. Aktiv**	стира́ющий
P	**Präs. Passiv**	стира́емый
P	**Prät. Aktiv**	стира́вший
P	**Prät. Passiv**	сти́раный (adj)

IMPERATIV

Стира́й!
Стира́йте!

PERFEKTIV

1. стере́ть
→ 178
2. вы́стирать

Imperfektives Verb

сто́ить

kosten

INDIKATIV

Präsens		Präteritum		Futur / IMPF		
я	сто́ю	я	сто́ил / сто́ила	я	бу́ду	сто́ить
ты	сто́ишь	ты	сто́ил / сто́ила	ты	бу́дешь	сто́ить
он	сто́ит	он	сто́ил	он	бу́дет	сто́ить
она́	сто́ит	она́	сто́ила	она́	бу́дет	сто́ить
оно́	сто́ит	оно́	сто́ило	оно́	бу́дет	сто́ить
мы	сто́им	мы	сто́или	мы	бу́дем	сто́ить
вы	сто́ите	вы	сто́или	вы	бу́дете	сто́ить
они́	сто́ят	они́	сто́или	они́	бу́дут	сто́ить

KONJUNKTIV

я	сто́ил / сто́ила бы
ты	сто́ил / сто́ила бы
он	сто́ил бы
она́	сто́ила бы
оно́	сто́ило бы
мы	сто́или бы
вы	сто́или бы
они́	сто́или бы

PARTIZIPIEN

AP	**Präsens**	сто́я
P	**Präs. Aktiv**	сто́ящий
P	**Prät. Aktiv**	сто́ивший

IMPERATIV

—
—

PERFEKTIV

—

стоя́ть
stehen

INDIKATIV

Präsens		Präteritum		Futur / IMPF		
я	стою́	я	стоя́л / стоя́ла	я	бу́ду	стоя́ть
ты	стои́шь	ты	стоя́л / стоя́ла	ты	бу́дешь	стоя́ть
он	стои́т	он	стоя́л	он	бу́дет	стоя́ть
она́	стои́т	она́	стоя́ла	она́	бу́дет	стоя́ть
оно́	стои́т	оно́	стоя́ло	оно́	бу́дет	стоя́ть
мы	стои́м	мы	стоя́ли	мы	бу́дем	стоя́ть
вы	стои́те	вы	стоя́ли	вы	бу́дете	стоя́ть
они́	стоя́т	они́	стоя́ли	они́	бу́дут	стоя́ть

KONJUNKTIV

я	стоя́л / стоя́ла бы
ты	стоя́л / стоя́ла бы
он	стоя́л бы
она́	стоя́ла бы
оно́	стоя́ло бы
мы	стоя́ли бы
вы	стоя́ли бы
они́	стоя́ли бы

PARTIZIPIEN

AP	**Präsens**	сто́я
P	**Präs. Aktiv**	стоя́щий
P	**Prät. Aktiv**	стоя́вший

IMPERATIV

Стой!
Сто́йте!

PERFEKTIV

—

стричь
schneiden *(Haare)*

INDIKATIV

Präsens		Präteritum		Futur / IMPF		
я	стригу́	я	стриг / стри́гла	я	бу́ду	стричь
ты	стрижёшь	ты	стриг / стри́гла	ты	бу́дешь	стричь
он	стрижёт	он	стриг	он	бу́дет	стричь
она́	стрижёт	она́	стри́гла	она́	бу́дет	стричь
оно́	стрижёт	оно́	стри́гло	оно́	бу́дет	стричь
мы	стрижём	мы	стри́гли	мы	бу́дем	стричь
вы	стрижёте	вы	стри́гли	вы	бу́дете	стричь
они́	стригу́т	они́	стри́гли	они́	бу́дут	стричь

KONJUNKTIV

я	стриг / стри́гла бы
ты	стриг / стри́гла бы
он	стриг бы
она́	стри́гла бы
оно́	стри́гло бы
мы	стри́гли бы
вы	стри́гли бы
они́	стри́гли бы

PARTIZIPIEN

P	**Präs. Aktiv**	стригу́щий
P	**Prät. Aktiv**	стри́гший
P	**Prät. Passiv**	стри́женый (adj)

IMPERATIV

Стриги́!
Стриги́те!

PERFEKTIV

постри́чь

183 считáть

Imperfektives Verb

считáть

1. zählen, rechnen; 2. glauben

INDIKATIV

Präsens		Präteritum		Futur / IMPF		
я	считáю	я	считáл / считáла	я	бýду	считáть
ты	считáешь	ты	считáл / считáла	ты	бýдешь	считáть
он	считáет	он	считáл	он	бýдет	считáть
онá	считáет	онá	считáла	онá	бýдет	считáть
онó	считáет	онó	считáло	онó	бýдет	считáть
мы	считáем	мы	считáли	мы	бýдем	считáть
вы	считéте	вы	считáли	вы	бýдете	считáть
онú	считáют	онú	считáли	онú	бýдут	считáть

KONJUNKTIV

я	считáл / считáла бы
ты	считáл / считáла бы
он	считáл бы
онá	считáла бы
онó	считáло бы
мы	считáли бы
вы	считáли бы
онú	считáли бы

PARTIZIPIEN

AP	**Präsens**	считáя
P	**Präs. Aktiv**	считáющий
P	**Präs. Passiv**	считáемый
P	**Prät. Aktiv**	считáвший
P	**Prät. Passiv**	счúтанный

IMPERATIV

Считáй!
Считáйте!

PERFEKTIV

1. посчитáть
сосчитáть
счесть
2. посчитáть
счесть

184 терéть

Imperfektives Verb

терéть

reiben

INDIKATIV

Präsens		Präteritum		Futur / IMPF		
я	тру	я	тёр / тёрла	я	бýду	терéть
ты	трёшь	ты	тёр / тёрла	ты	бýдешь	терéть
он	трёт	он	тёр	он	бýдет	терéть
онá	трёт	онá	тёрла	онá	бýдет	терéть
онó	трёт	онó	тёрло	онó	бýдет	терéть
мы	трём	мы	тёрли	мы	бýдем	терéть
вы	трёте	вы	тёрли	вы	бýдете	терéть
онú	трут	онú	тёрли	онú	бýдут	терéть

KONJUNKTIV

я	тёр / тёрла бы
ты	тёр / тёрла бы
он	тёр бы
онá	тёрла бы
онó	тёрло бы
мы	тёрли бы
вы	тёрли бы
онú	тёрли бы

PARTIZIPIEN

P	**Präs. Aktiv**	трýщий
AP	**Präteritum**	терёв
P	**Prät. Aktiv**	тёрший
P	**Prät. Passiv**	тёртый

IMPERATIV

Три!
Трúте!

PERFEKTIV

потерéть
натерéть

теря́ть
verlieren

INDIKATIV

Präsens		Präteritum		Futur / IMPF		
я	теря́ю	я	теря́л / теря́ла	я	бу́ду	теря́ть
ты	теря́ешь	ты	теря́л / теря́ла	ты	бу́дешь	теря́ть
он	теря́ет	он	теря́л	он	бу́дет	теря́ть
она́	теря́ет	она́	теря́ла	она́	бу́дет	теря́ть
оно́	теря́ет	оно́	теря́ло	оно́	бу́дет	теря́ть
мы	теря́ем	мы	теря́ли	мы	бу́дем	теря́ть
вы	теря́ете	вы	теря́ли	вы	бу́дете	теря́ть
они́	теря́ют	они́	теря́ли	они́	бу́дут	теря́ть

KONJUNKTIV

я	теря́л / теря́ла бы	
ты	теря́л / теря́ла бы	
он	теря́л	бы
она́	теря́ла	бы
оно́	теря́ло	бы
мы	теря́ли	бы
вы	теря́ли	бы
они́	теря́ли	бы

PARTIZIPIEN

AP	**Präsens**	теря́я
P	**Präs. Aktiv**	теря́ющий
P	**Präs. Passiv**	теря́емый
P	**Prät. Aktiv**	теря́вший

IMPERATIV

Теря́й!
Теря́йте!

PERFEKTIV

потеря́ть

течь
fließen

INDIKATIV

Präsens		Präteritum		Futur / IMPF		
я	теку́	я	тёк / текла́	я	бу́ду	течь
ты	течёшь	ты	тёк / текла́	ты	бу́дешь	течь
он	течёт	он	тёк	он	бу́дет	течь
она́	течёт	она́	текла́	она́	бу́дет	течь
оно́	течёт	оно́	текло́	оно́	бу́дет	течь
мы	течём	мы	текли́	мы	бу́дем	течь
вы	течёте	вы	текли́	вы	бу́дете	течь
они́	теку́т	они́	текли́	они́	бу́дут	течь

KONJUNKTIV

я	тёк / текла́	бы
ты	тёк / текла́	бы
он	тёк	бы
она́	текла́	бы
оно́	текло́	бы
мы	текли́	бы
вы	текли́	бы
они́	текли́	бы

PARTIZIPIEN

AP	**Präsens**	тёкши
P	**Präs. Aktiv**	теку́щий
P	**Prät. Aktiv**	тёкший

IMPERATIV

Теки́!
Теки́те!

PERFEKTIV

поте́чь

Imperfektives Verb

топи́ть

1. heizen; 2. ertränken

INDIKATIV

Präsens		Präteritum		Futur / IMPF		
я	топлю́	я	топи́л / топи́ла	я	бу́ду	топи́ть
ты	то́пишь	ты	топи́л / топи́ла	ты	бу́дешь	топи́ть
он	то́пит	он	топи́л	он	бу́дет	топи́ть
она́	то́пит	она́	топи́ла	она́	бу́дет	топи́ть
оно́	то́пит	оно́	топи́ло	оно́	бу́дет	топи́ть
мы	то́пим	мы	топи́ли	мы	бу́дем	топи́ть
вы	то́пите	вы	топи́ли	вы	бу́дете	топи́ть
они́	то́пят	они́	топи́ли	они́	бу́дут	топи́ть

KONJUNKTIV

я	топи́л / топи́ла	бы
ты	топи́л / топи́ла	бы
он	топи́л	бы
она́	топи́ла	бы
оно́	топи́ло	бы
мы	топи́ли	бы
вы	топи́ли	бы
они́	топи́ли	бы

PARTIZIPIEN

AP	**Präsens**	топя́
P	**Präs. Aktiv**	топя́щий
P	**Präs. Passiv**	топи́мый
AP	**Präteritum**	топи́в
P	**Prät. Aktiv**	топи́вший

IMPERATIV

Топи́!
Топи́те!

PERFEKTIV

1. растопи́ть
натопи́ть
2. утопи́ть

Imperfektives Verb

тормози́ть

bremsen

INDIKATIV

Präsens		Präteritum		Futur / IMPF		
я	тормо**ж**у́	я	тормози́л / тормози́ла	я	бу́ду	тормози́ть
ты	тормози́шь	ты	тормози́л / тормози́ла	ты	бу́дешь	тормози́ть
он	тормози́т	он	тормози́л	он	бу́дет	тормози́ть
она́	тормози́т	она́	тормози́ла	она́	бу́дет	тормози́ть
оно́	тормози́т	оно́	тормози́ло	оно́	бу́дет	тормози́ть
мы	тормози́м	мы	тормози́ли	мы	бу́дем	тормози́ть
вы	тормози́те	вы	тормози́ли	вы	бу́дете	тормози́ть
они́	тормозя́т	они́	тормози́ли	они́	бу́дут	тормози́ть

KONJUNKTIV

я	тормози́л / тормози́ла	бы
ты	тормози́л / тормози́ла	бы
он	тормози́л	бы
она́	тормози́ла	бы
оно́	тормози́ло	бы
мы	тормози́ли	бы
вы	тормози́ли	бы
они́	тормози́ли	бы

PARTIZIPIEN

AP	**Präsens**	тормозя́
P	**Präs. Aktiv**	тормозя́щий
P	**Prät. Aktiv**	тормози́вший

IMPERATIV

Тормози́!
Тормози́те!

PERFEKTIV

затормози́ть

торопи́ться
sich beeilen

INDIKATIV

Präsens		Präteritum		Futur / IMPF		
я	тороплю́сь	я	торо́пился / торо́пилась	я	бу́ду	торопи́ться
ты	торо́пишься	ты	торо́пился / торо́пилась	ты	бу́дешь	торопи́ться
он	торо́пится	он	торо́пился	он	бу́дет	торопи́ться
она́	торо́пится	она́	торо́пилась	она́	бу́дет	торопи́ться
оно́	торо́пится	оно́	торо́пилось	оно́	бу́дет	торопи́ться
мы	торо́пимся	мы	торо́пились	мы	бу́дем	торопи́ться
вы	торо́питесь	вы	торо́пились	вы	бу́дете	торопи́ться
они́	торо́пятся	они́	торо́пились	они́	бу́дут	торопи́ться

KONJUNKTIV

я	торо́пился / торо́пилась бы
ты	торо́пился / торо́пилась бы
он	торо́пился бы
она́	торо́пилась бы
оно́	торо́пилось бы
мы	торо́пились бы
вы	торо́пились бы
они́	торо́пились бы

PARTIZIPIEN

AP	**Präsens**	торопя́сь
P	**Präs. Aktiv**	торопя́щийся
P	**Prät. Aktiv**	торопи́вшийся

IMPERATIV

Торопи́!
Торопи́те!

PERFEKTIV

поторопи́ться

тяну́ть
ziehen

INDIKATIV

Präsens		Präteritum		Futur / IMPF		
я	тяну́	я	тяну́л / тяну́ла	я	бу́ду	тяну́ть
ты	тя́нешь	ты	тяну́л / тяну́ла	ты	бу́дешь	тяну́ть
он	тя́нет	он	тяну́л	он	бу́дет	тяну́ть
она́	тя́нет	она́	тяну́ла	она́	бу́дет	тяну́ть
оно́	тя́нет	оно́	тяну́ло	оно́	бу́дет	тяну́ть
мы	тя́нем	мы	тяну́ли	мы	бу́дем	тяну́ть
вы	тя́нете	вы	тяну́ли	вы	бу́дете	тяну́ть
они́	тя́нут	они́	тяну́ли	они́	бу́дут	тяну́ть

KONJUNKTIV

я	тяну́л / тяну́ла бы
ты	тяну́л / тяну́ла бы
он	тяну́л бы
она́	тяну́ла бы
оно́	тяну́ло бы
мы	тяну́ли бы
вы	тяну́ли бы
они́	тяну́ли бы

PARTIZIPIEN

P	**Präs. Aktiv**	тя́нущий
AP	**Präteritum**	тяну́в
P	**Prät. Aktiv**	тяну́вший

IMPERATIV

Тяни́!
Тяни́те!

PERFEKTIV

потяну́ть
вы́тянуть
растяну́ть

Imperfektives Verb

уважа́ть

ehren, achten

INDIKATIV

Präsens		Präteritum		Futur / IMPF		
я	уважа́ю	я	уважа́л / уважа́ла	я	бу́ду	уважа́ть
ты	уважа́ешь	ты	уважа́л / уважа́ла	ты	бу́дешь	уважа́ть
он	уважа́ет	он	уважа́л	он	бу́дет	уважа́ть
она́	уважа́ет	она́	уважа́ла	она́	бу́дет	уважа́ть
оно́	уважа́ет	оно́	уважа́ло	оно́	бу́дет	уважа́ть
мы	уважа́ем	мы	уважа́ли	мы	бу́дем	уважа́ть
вы	уважа́ете	вы	уважа́ли	вы	бу́дете	уважа́ть
они́	уважа́ют	они́	уважа́ли	они́	бу́дут	уважа́ть

KONJUNKTIV

я	уважа́л / уважа́ла бы
ты	уважа́л / уважа́ла бы
он	уважа́л бы
она́	уважа́ла бы
оно́	уважа́ло бы
мы	уважа́ли бы
вы	уважа́ли бы
они́	уважа́ли бы

PARTIZIPIEN

AP	**Präsens**	уважа́я
P	**Präs. Aktiv**	уважа́ющий
P	**Präs. Passiv**	уважа́емый
Kurzformen		уважа́ем
		уважа́ема
		уважа́емо
		уважа́емы

IMPERATIV

Уважа́й!
Уважа́йте!

PERFEKTIV

—

Imperfektives Verb

узнава́ть

erfahren; (wieder) erkennen

INDIKATIV

Präsens		Präteritum		Futur / IMPF		
я	узнаю́	я	узнава́л / узнава́ла	я	бу́ду	узнава́ть
ты	узнаёшь	ты	узнава́л / узнава́ла	ты	бу́дешь	узнава́ть
он	узнаёт	он	узнава́л	он	бу́дет	узнава́ть
она́	узнаёт	она́	узнава́ла	она́	бу́дет	узнава́ть
оно́	узнаёт	оно́	узнава́ло	оно́	бу́дет	узнава́ть
мы	узнаём	мы	узнава́ли	мы	бу́дем	узнава́ть
вы	узнаёте	вы	узнава́ли	вы	бу́дете	узнава́ть
они́	узнаю́т	они́	узнава́ли	они́	бу́дут	узнава́ть

KONJUNKTIV

я	узнава́л / узнава́ла бы
ты	узнава́л / узнава́ла бы
он	узнава́л бы
она́	узнава́ла бы
оно́	узнава́ло бы
мы	узнава́ли бы
вы	узнава́ли бы
они́	узнава́ли бы

PARTIZIPIEN

AP	**Präsens**	узнава́я
P	**Präs. Aktiv**	узнаю́щий
P	**Präs. Passiv**	узнава́емый
P	**Prät. Aktiv**	узнава́вший

IMPERATIV

Узнава́й!
Узнава́йте!

PERFEKTIV

узна́ть → 193

узна́ть

erfahren; (wieder) erkennen

INDIKATIV

Futur / PF		Präteritum	
я	узна́ю	я	узна́л / узна́ла
ты	узна́ешь	ты	узна́л / узна́ла
он	узна́ет	он	узна́л
она́	узна́ет	она́	узна́ла
оно́	узна́ет	оно́	узна́ло
мы	узна́ем	мы	узна́ли
вы	узна́ете	вы	узна́ли
они́	узна́ют	они́	узна́ли

KONJUNKTIV

я	узна́л / узна́ла бы
ты	узна́л / узна́ла бы
он	узна́л бы
она́	узна́ла бы
оно́	узна́ло бы
мы	узна́ли бы
вы	узна́ли бы
они́	узна́ли бы

PARTIZIPIEN

AP	**Präteritum**	узнав
P	**Prät. Aktiv**	узнавший

IMPERATIV

Узна́й!
Узна́йте!

IMPERFEKTIV

узнава́ть
→ 192

умере́ть

sterben

INDIKATIV

Futur / PF		Präteritum	
я	умру́	я	у́мер / умерла́
ты	умрёшь	ты	у́мер / умерла́
он	умрёт	он	у́мер
она́	умрёт	она́	умерла́
оно́	умрёт	оно́	у́мерло
мы	умрём	мы	у́мерли
вы	умрёте	вы	у́мерли
они́	умру́т	они́	у́мерли

KONJUNKTIV

я	у́мер / умерла́ бы
ты	у́мер / умерла́ бы
он	у́мер бы
она́	умерла́ бы
оно́	у́мерло бы
мы	у́мерли бы
вы	у́мерли бы
они́	у́мерли бы

PARTIZIPIEN

AP	**Präteritum**	умерёв
P	**Prät. Aktiv**	уме́рший

IMPERATIV

Умри́!
Умри́те!

IMPERFEKTIV

умира́ть

Perfektives Verb

упа́сть

fallen

INDIKATIV

Futur / PF		Präteritum	
я	упаду́	я	упа́л / упа́ла
ты	упадёшь	ты	упа́л / упа́ла
он	упадёт	он	упа́л
она́	упадёт	она́	упа́ла
оно́	упадёт	оно́	упа́ло
мы	упадём	мы	упа́ли
вы	упадёте	вы	упа́ли
они́	упаду́т	они́	упа́ли

KONJUNKTIV

я	упа́л / упа́ла бы
ты	упа́л / упа́ла бы
он	упа́л бы
она́	упа́ла бы
оно́	упа́ло бы
мы	упа́ли бы
вы	упа́ли бы
они́	упа́ли бы

PARTIZIPIEN

AP	**Präteritum**	упа́в
P	**Prät. Aktiv**	упа́вший

IMPERATIV

Упади́!
Упади́те!

IMPERFEKTIV

па́дать

Perfektives Verb

успе́ть

rechtzeitig kommen

INDIKATIV

Futur / PF		Präteritum	
я	успе́ю	я	успе́л / успе́ла
ты	успе́ешь	ты	успе́л / успе́ла
он	успе́ет	он	успе́л
она́	успе́ет	она́	успе́ла
оно́	успе́ет	оно́	успе́ло
мы	успе́ем	мы	успе́ли
вы	успе́ете	вы	успе́ли
они́	успе́ют	они́	успе́ли

KONJUNKTIV

я	успе́л / успе́ла бы
ты	успе́л / успе́ла бы
он	успе́л бы
она́	успе́ла бы
оно́	успе́ло бы
мы	успе́ли бы
вы	успе́ли бы
они́	успе́ли бы

PARTIZIPIEN

AP	**Präteritum**	успе́в
P	**Prät. Aktiv**	успе́вший

IMPERATIV

Успе́й!
Успе́йте!

IMPERFEKTIV

успева́ть

Imperfektives Verb

уставáть

müde werden

INDIKATIV

Präsens		Präteritum		Futur / IMPF		
я	устаю́	я	уставáл / уставáла	я	бу́ду	уставáть
ты	устаёшь	ты	уставáл / уставáла	ты	бу́дешь	уставáть
он	устаёт	он	уставáл	он	бу́дет	уставáть
онá	устаёт	онá	уставáла	онá	бу́дет	уставáть
онó	устаёт	онó	уставáло	онó	бу́дет	уставáть
мы	устаём	мы	уставáли	мы	бу́дем	уставáть
вы	устаёте	вы	уставáли	вы	бу́дете	уставáть
они́	устаю́т	они́	уставáли	они́	бу́дут	уставáть

KONJUNKTIV

я уставáл / уставáла бы
ты уставáл / уставáла бы
он уставáл бы
онá уставáла бы
онó уставáло бы
мы уставáли бы
вы уставáли бы
они́ уставáли бы

PARTIZIPIEN

AP	**Präsens**	уставáя
P	**Präs. Aktiv**	устаю́щий
P	**Prät. Aktiv**	уставáвший

IMPERATIV

Уставáй!
Уставáйте!

PERFEKTIV

устáть

Imperfektives Verb

ходи́ть UNBEST

gehen

INDIKATIV

Präsens		Präteritum		Futur / IMPF		
я	хожу́	я	ходи́л / ходи́ла	я	бу́ду	ходи́ть
ты	хóдишь	ты	ходи́л / ходи́ла	ты	бу́дешь	ходи́ть
он	хóдит	он	ходи́л	он	бу́дет	ходи́ть
онá	хóдит	онá	ходи́ла	онá	бу́дет	ходи́ть
онó	хóдит	онó	ходи́ло	онó	бу́дет	ходи́ть
мы	хóдим	мы	ходи́ли	мы	бу́дем	ходи́ть
вы	хóдите	вы	ходи́ли	вы	бу́дете	ходи́ть
они́	хóдят	они́	ходи́ли	они́	бу́дут	ходи́ть

KONJUNKTIV

я ходи́л / ходи́ла бы
ты ходи́л / ходи́ла бы
он ходи́л бы
онá ходи́ла бы
онó ходи́ло бы
мы ходи́ли бы
вы ходи́ли бы
они́ ходи́ли бы

PARTIZIPIEN

AP	**Präsens**	ходя́
P	**Präs. Aktiv**	ходя́щий
AP	**Präteritum**	ходи́в
P	**Prät. Aktiv**	ходи́вший

IMPERATIV

Ходи́!
Ходи́те!

BESTIMMT

идти́ → 78

Imperfektives Verb

хоте́ть
wollen

INDIKATIV

Präsens		Präteritum		Futur / IMPF		
я	хочу́	я	хоте́л / хоте́ла	я	бу́ду	хоте́ть
ты	хо́чешь	ты	хоте́л / хоте́ла	ты	бу́дешь	хоте́ть
он	хо́чет	он	хоте́л	он	бу́дет	хоте́ть
она́	хо́чет	она́	хоте́ла	она́	бу́дет	хоте́ть
оно́	хо́чет	оно́	хоте́ло	оно́	бу́дет	хоте́ть
мы	хоти́м	мы	хоте́ли	мы	бу́дем	хоте́ть
вы	хоти́те	вы	хоте́ли	вы	бу́дете	хоте́ть
они́	хотя́т	они́	хоте́ли	они́	бу́дут	хоте́ть

KONJUNKTIV

я хоте́л / хоте́ла бы
ты хоте́л / хоте́ла бы
он хоте́л бы
она́ хоте́ла бы
оно́ хоте́ло бы
мы хоте́ли бы
вы хоте́ли бы
они́ хоте́ли бы

PARTIZIPIEN

P	**Präs. Aktiv**	хотя́щий
AP	**Präteritum**	хоте́в
P	**Prät. Aktiv**	хоте́вший

IMPERATIV

Хоти́!
Хоти́те!

PERFEKTIV

захоте́ть

Imperfektives Verb

чу́вствовать
fühlen

INDIKATIV

Präsens		Präteritum		Futur / IMPF		
я	чу́вствую	я	чу́вствовал / чу́вствовала	я	бу́ду	чу́вствовать
ты	чу́вствуешь	ты	чу́вствовал / чу́вствовала	ты	бу́дешь	чу́вствовать
он	чу́вствует	он	чу́вствовал	он	бу́дет	чу́вствовать
она́	чу́вствует	она́	чу́вствовала	она́	бу́дет	чу́вствовать
оно́	чу́вствует	оно́	чу́вствовало	оно́	бу́дет	чу́вствовать
мы	чу́вствуем	мы	чу́вствовали	мы	бу́дем	чу́вствовать
вы	чу́вствуете	вы	чу́вствовали	вы	бу́дете	чу́вствовать
они́	чу́вствуют	они́	чу́вствовали	они́	бу́дут	чу́вствовать

KONJUNKTIV

я чу́вствовал / чу́вствовала бы
ты чу́вствовал / чу́вствовала бы
он чу́вствовал бы
она́ чу́вствовала бы
оно́ чу́вствовало бы
мы чу́вствовали бы
вы чу́вствовали бы
они́ чу́вствовали бы

PARTIZIPIEN

AP	**Präsens**	чу́вствуя
P	**Präs. Aktiv**	чу́вствующий
P	**Prät. Aktiv**	чу́вствовавший

IMPERATIV

Чу́вствуй!
Чу́вствуйте!

PERFEKTIV

почу́вствовать

Alphabetische Verbliste

Bei einigen Verben, die dem deutschen Benutzer erfahrungsgemäß Schwierigkeiten bereiten, ist in kursiver Schrift angegeben, wie das Substantiv anzuschließen ist, d. h. mit oder ohne Präposition und in welchem Kasus (sog. Rektion).